大数据背景下智慧景区创新模式研究

李裔辉 ◎ 著

北方文艺出版社

图书在版编目（CIP）数据

大数据背景下智慧景区创新模式研究 / 李裔辉著 .
-- 哈尔滨 ： 北方文艺出版社，2021.9
ISBN 978-7-5317-5240-0

Ⅰ．①大… Ⅱ．①李… Ⅲ．①风景区一信息化建设一研究 Ⅳ．① F590.6

中国版本图书馆 CIP 数据核字（2021）第 176762 号

大数据背景下智慧景区创新模式研究

dashuju beijingxia zhihuiqu chuangxin moshi yanjiu

作　　者：李裔辉
责任编辑：张贺然
封面设计：弘　图
出版发行：北方文艺出版社
邮　　编：150080
发行电话：（0451）85951921 85951915
经　　销：新华书店
地　　址：哈尔滨市南岗区林兴街 3 号
网　　址：www.bfwy.com
印　　刷：河北盛世彩捷印刷有限公司
开　　本：787mm × 1092mm　1/ 16
字　　数：200 千字
印　　张：12
版　　次：2021 年 9 月第 1 版
印　　次：2021 年 9 月第 1 次印刷
书　　号：ISBN 978-7-5317-5240-0
定　　价：36.00 元

前 言

智慧景区是景区信息化的最新发展，是基于智慧地球与智慧城市基础上提出的概念。它是以大数据、云计算、移动通信、智能终端、信息资源共享等新一代信息技术为支撑，主动感知景区资源、景区经济、景区活动、景区者行为等方面的信息，对信息资源进行最大限度的开发利用。

本书围绕“大数据背景下智慧景区创新模式研究”展开论述，在内容编排上共设置六章，第一章作为本书论述的基础和前提，主要阐释智慧景区建设的背景、智慧景区建设的基础理论、大数据概念及其在景区中的应用；第二章是智慧景区的景观规划研究，内容包括智慧景区景观规划的原则与特性、智慧景区景观规划设计的内容和方法、智慧景区景观规划设计程序、大数据背景下智慧景区空间规划策略；第三章探讨智慧景区游客流量预测方法与管理措施，内容涵盖智慧景区客流量的影响因素、特点与分类，智慧景区游客流量的预测方法，智慧景区灾害事故的游客管理方法，智慧景区客流量分流的管理措施；第四章研究智慧景区电子商务系统及数字景区建设，内容囊括智慧景区电子商务的体现、智慧景区电子商务的架构和内容、智慧景区电子商务发展模式及其趋势、电子商务背景下的数字景区建设；第五章通过四个方面——智慧景区管理理论与定位、大数据背景下智慧景区市场营销管理、大数据背景下智慧景区游客体验管理、大数据背景下智慧景区质量管理，探讨大数据背景下智慧景区的运营管理；第六章突出智慧景区的信息化，探索大数据背景下智慧景区的信息化服务，内容包含大数据背景下智慧景区数字服务平台的信息艺术设计、大数据背景下智慧景区的地理信息可视化设计、大数据背景下智慧景区安全预警机制的构建、大数据背景下智慧景区目的地的信息化评价。

本书体系完整、视野开阔，层次清晰，汲取了智慧景区的最新研究成果，拓展完善了智慧景区的理论体系，可读性、实用性较强，内容全面，具有一定的时代性与创新性。

笔者在撰写本书的过程中，得到了许多专家学者的帮助和指导，在此表示诚挚的谢意。由于笔者水平有限，加之时间仓促，书中所涉及的内容难免有疏漏之处，希望各位读者多提宝贵意见，以便笔者进一步修改，使之更加完善。

目　录

第一章　大数据与智慧景区建设概述 …………………… 1

第一节　智慧景区建设的背景 ……………………………………1

第二节　智慧景区建设的基础理论 ………………………………8

第三节　大数据及其在景区中的应用 …………………………… 16

第二章　智慧景区的景观规划研究 ……………………… 26

第一节　智慧景区景观规划的原则与特性 ……………………… 26

第二节　智慧景区景观规划设计的立意和方法 ………………… 41

第三节　智慧景区景观规划设计程序 …………………………… 47

第四节　大数据背景下智慧景区空间规划策略 ………………… 59

第三章　智慧景区游客流量预测方法与管理措施 ………… 67

第一节　智慧景区客流量的影响因素、特点与分类 …………… 67

第二节　智慧景区游客流量的预测方法 ………………………… 73

第三节　智慧景区灾害事故的游客管理方法 …………………… 76

第四节　智慧景区客流量分流的管理措施 ……………………… 85

第四章　智慧景区电子商务系统及数字景区建设 ………… 90

第一节　智慧景区电子商务的体现 ……………………………… 90

第二节　智慧景区电子商务系统的构建 ………………………… 96

第三节　智慧景区电子商务发展模式及其趋势 ……………………104
第四节　电子商务背景下的数字景区建设 ……………………107

第五章　大数据背景下智慧景区的运营管理 …………… 119

第一节　智慧景区管理理论与定位 ……………………119
第二节　大数据背景下智慧景区市场营销管理 ……………………124
第三节　大数据背景下智慧景区游客体验管理 ……………………132
第四节　大数据背景下智慧景区质量管理 ……………………138

第六章　大数据背景下智慧景区的信息化服务 ………… 157

第一节　大数据背景下智慧景区数字服务平台的信息艺术设计 …157
第二节　大数据背景下智慧景区的地理信息可视化设计 ………165
第三节　大数据背景下智慧景区安全预警机制的构建 …………168
第四节　大数据背景下智慧景区目的地的信息化评价 …………173

结 束 语 ……………………………………………… 178

参考文献 ……………………………………………… 179

第一章　大数据与智慧景区建设概述

第一节　智慧景区建设的背景

一、中国古代旅游活动

古往今来，旅游就是人们增长知识、丰富阅历、强健体魄的最好方式。纵览中国上下两千五百年的文明史，探寻中国旅游史的发展，我们就会发现，其实早在1500多年前，在南朝梁代诗人沈约的《悲哉行》中就出现过“旅游”的字样。虽然诗人只是借由外出游玩来排遣自己因客思念故国而带来的苦闷，但是，这也表明了“旅游”一词来源深远。

虽然在1500多年前的古诗中看到了“旅游”作为一个整体出现，但追本溯源，早在上古时期就开始有“旅”“游”“行”等单音节字符，只是没有将其组合罢了。其中，在周代金文里就已经出现，有旅客、客居和旅途之意；而“游”字早在商代甲骨文中也已经出现，有遨游和游览之意。从中可以看出，经过了4000多年的传承和发展，与今天相比，古代“旅游”的概念还是有很多不同，但是，仍然有一部分意义被保留了下来。

首先，古代的旅游更加重视劳作性出游，排斥以休闲和娱乐为目的的出游，这与当时中国社会重农抑商的基本国情有关，同时也与我们现代的“旅游”概念有很大的不同。古人认为“业精于勤荒于嬉”，如果一个人仅仅是为了观赏沿途美景而进行旅游活动，那么就会遭到抵制，皇帝也不例外。如果皇帝出游，就会被认为是贪图享乐，劳民伤财。并且，中国古代劳动人民有很严重的人伦亲情以及乡土观念，强调“落叶归根”，旅居在外总会让人产生一种客居他乡的惆怅与寂寥。也因此，旅游在古代一直属于中性或贬义的词汇。其实，这与当时的生产力水平也有极大的关系。

其次，古代的旅游概念有很浓重的等级色彩。中国古代社会等级森严，各个阶层的人民在服饰、建筑等方面都有着严格的规定，不可僭越。中国传统社会的最高阶层——君主及其后妃，有其专用的旅游名词“游幸”和“巡游”；君主之下的阶层——文官士大夫，他们旅游活动的专有词汇则为“游宦”或“宦游”，该词主要说明其在入仕后辗转各地做官、宦海浮沉的人生经历；文官士大夫的下一阶层则是还未入仕的读书人，他们的外出旅游活动主要以外出求学、讲学为主，因此，他们的旅游专有名词为“游学”，这和现代我们所说的游学活动大致相似；再往下则是商人，他们的外出活动则被称为“游贾”；除此之外，还有出世的社会阶层，比如行侠仗义的江湖人士，他们游历江湖，以侠犯禁，被称为“游侠”；再之后，则为僧人，他们经常外出传经布道，周游四方，因此，他们的旅游专有名词为“游方”，而僧人又有“游方僧人”一说。

古代的生产力与生活水平都有限，科技并不发达，基础设施并不完备，就更不用说旅游设施了。从旅游最基本的六要素——食、住、行、游、购、娱来分析，将游、购、娱作为旅游动机几乎不复存在，而在旅途过程中，能够满足食、住、行这些基本要求，也存在极大的不便。在先秦旅行时，除官员依靠驿站外，普通人民的吃饭、住宿问题都要自己解决。而对于“行”这一基本问题，早在先秦时期，秦始皇为巡游和控临天下就已经开始重视，并大规模地进行道路修建，于是就有了世界上公认的第一条高速公路——秦直道。在古代社会，人们的出行工具也受到了很大的限制。最初，人们出行皆靠步行，后来，所乘坐交通工具的动力则是由驯化的牲畜提供，虽然经历了从人力到动力的改善，但还是给出行带来了极大的不便。

二、产业革命带来契机

直到第一次工业革命时期，人类的出行工具才发生了巨大改变，首先是在动力方面的巨大变革。1769 年，英国发明家詹姆斯·瓦特对蒸汽机进行改良，此后，瓦特蒸汽机被广泛应用在工厂内几乎所有的机器上，极大地提高了劳动效率。除此之外，蒸汽机的原理还被应用在火车和飞机上，为人们远距离和大规模出行奠定了基础，开辟出一个全新的“蒸汽时代”。第一次工业革命使得社会财富不断积聚，城市化进程加快，人们的生活水平有了极大的提升，中产阶级人数也逐渐增加。于是，越来越多的人加入旅游活动中来，1841 年 7 月，托马斯·库克通过包租火车的方式，策划组织了一次大规模的团体旅游活动，该活动从英国中部地区莱斯特市出发到拉夫堡市结束，此次活动被誉为“伟大的壮举”，世界近代旅游业由此诞生，对于旅游的发展更是有着里程碑式的意义。之后，世界上第一家旅行社——托马斯·库克旅行社成立，旅游业迅速发展，成为方兴未艾的朝阳产业。

19 世纪 70 年代，第二次工业革命席卷而来，此次产业革命带来的仍然是动力时代的大变革，电力以及内燃机的使用将人们从“蒸汽时代”带到了“电气时代”。这一时期，各种新发明、新技术层出不穷，汽车、飞机等新型交通工具被创制出来，为人们的出行带来极大的便利；发电机、电灯等工具也被广泛应用到人们的日常生活中，电话、电报的发明拉近了人们的距离，使得世界各地的经济、政治和文化联系进一步加强。

20 世纪上半叶，随着科学技术的进一步发展、人们可支配收入的提高以及各项福利制度的出现，人们能够自由支配的时间越来越多，也更加愿意参与到旅游活动中。于是，大众化的世界现代旅游业迅速发展。

此后，第三次科技革命也随之而来，人类在原子能、电子计算机、空间技术和生物工程等方面的研究取得了突破性的进展，科学技术的飞跃式发展为人们的生活带来了极大的改变。继三次产业革命后，人类进入工业 4.0 时代，在科技进步方面提出了新的要求，以人工智能、清洁能源、机器人技术、量子信息技术、可控核聚变、虚拟现实以及生物技术为主的新兴技术被逐渐重视并发展，互联网也逐渐充满了我们的生活，扮演着越来越重要的角色。

工业革命为世界发展带来了极强的推动力，极大地提高了社会生产力，是旅游业快速发展的前提和保障。然而，回顾旅游业的发展历程，会发现我国旅游业的发展起步很晚。我国在 20 世纪 20 年代左右才出现了第一家旅行社——上海商业储蓄银行旅行部（中国旅行社）。改革开放之前，我国所开展的旅游活动多以政治性接待为主，主要负责接待海外侨胞回国探亲或者是外国友人以观光游览为目的前来中国进行的旅游活动。随着改革开放程度的不断加深，科学技术进一步发展，中国的经济发展有了质的飞跃，人民的生活水平有了明显的提高，为我国旅游业的发展提供了保障，我国旅游业迅速发展。改革开放之后，我国旅游业发展经历了以下四个阶段：

第一个阶段是从 20 世纪 70 年代末期到 80 年代中期，这时，我国刚推出改革开放政策，经济建设百废待兴，急需外汇支持，为此我国选择了以接待入境旅游为优先的旅游业发展途径。而对于国内旅游，则实行“不提倡，不鼓励，不反对”的政策。

第二阶段是从 20 世纪 80 年代中期到 90 年代末期，此时，随着改革开放所带来的经济增长和国民生活水平的提高，国内旅游人数增加，我国旅游业发展到了入境旅游与国内旅游并行发展的阶段。我国十分重视旅游业发展，在《关于国民经济和社会发展十年规划和第八个五年计划纲要》中，明确将旅游业的性质定性为产业，并将其列为需要加快发展的第三产业中的重点。

第三个阶段是从 1997 年到 2008 年，这一时期，中国旅游业进入了入境旅游、国内旅游以及出境旅游全面发展的阶段，1998 年中央经济工作会议中将旅游业确定为国民经济新的增长点，我国旅游业更是进入了一个全面而快速的发展时期。

第四阶段是从 2009 年至今，我国旅游业进入了以国内旅游为重点的全面发展的阶段。

三、智慧地球概念与信息化发展

我国旅游业依托丰富的旅游资源发展迅速，但质量较低，一直处于粗放型发展阶段，存在很多的问题，比如对于资源的依赖程度较高、科技水平低、经营管理方式落后等问题。随着国内外旅游市场的不断扩大，旅游产业在功能、结构等方面都面临着广泛而深刻的变革。

2008 年 11 月，IBM 首席执行官彭明盛在奥巴马就任美国总统后与美国工商业领袖举行的圆桌会议上，首次提出了“智慧地球”的概念。其目标是让世界的运转更加智能化，涉及个人、企业、组织、政府、自然和社会之间的互动，其核心就是以更智慧的方法，通过利用新一代信息技术来改变政府、公司和人们相互交互的方式，以便提高交互的明确性、效率、灵活性和响应速度。智慧地球以更透彻的感知、更全面的互联互通、更深入的智能化为特征。随后智慧城市、智慧旅游等概念被相继提出，并成为各国建设的重点。

近年来，随着旅游业不断发展壮大，越来越多的商家进入旅游市场，一些小型旅游企业甚至采取降低价格等方式来拉拢游客，竞争日益激烈，旅游业发展进入到买方市场。因此，传统的旅游服务、旅游商品开发模式以及营销方式也逐渐会被取代，旅游管理模式与管理方法必须向现代化转变。在买方市场中，旅游企业要时刻以市场为导向，以旅游者的需求为出发点，精准把握旅游者的消费偏好以及旅游者的市场细分，从而精准提供旅游商品，指导整个旅游企业的经营管理。

在信息化时代，能够及时获得信息，并对信息进行分析、处理已经成为企业发展的核心动力，也是其成功的关键因素。旅游业的发展更是离不开信息技术的支持，旅游业主要以游客为中心，旅游服务供应商最重要的任务和目标就是满足游客各种各样的需求。因此，与旅游相关的信息都要高度集中，信息化、大数据处理更是旅游管理方式现代化的主要路径。随着信息技术的发展，旅游产业的升级和变革是必然之举。智慧旅游是信息技术与传统产业的结合，智慧旅游的发展是时代的要求，它将逐渐改变传统的旅游模式，为旅游者带来更加快捷、方便的服务。智慧景区作为智慧旅游建设的重要部分，也是我国景区未来发展的必然趋势。

近年来，互联网、物联网、云计算等信息技术的发展对各行各业都产生了强烈的影响，比如：物联网技术通过互联网与人们身边的物品进行互联，就能够通过移动终端设备对物品进行远程操控，借此服务供应商就能够为旅游者提供无处不在的全程服务，人们本身也能够享受到更加方便的生活；云计算技术能够对收集到的百万级的数据进行分析和运算，大大减轻了人们的工作负担，提高了工作效率。

同样，旅游业的发展也搭上了技术革新这趟快车，为旅游信息化的发展提供了有力支撑，通信技术、移动终端技术、云计算技术、物联网技术、遥感定位技术等科技元素的融入为旅游业注入了新的活力。云计算技术实现了客流的预测、分流和导流，为突发情况做出预案；移动终端和网络技术的革新，为线上预订各类服务、实现无现金、无等待旅游提供方便；遥感技术和实时通讯的运用，使自助导览导游、自动语音讲解实现了可能。这些技术的运用都大大提升了游客的游览体验和服务满意度。

随着智能手机以及平板电脑等移动智能设备的逐渐普及，人们对于互联网和智能设备的依赖程度也越来越大。人们通过互联网能够得到自己所需要的海量信息，完全可以利用广阔的信息来源自己制定旅游计划，且整个旅程会更加自由、轻松。此外，人们的生活水平逐渐提高，在繁忙的工作之余给自己来一次短暂的放松旅行十分必要。因此，人们更加青睐散客游或者自驾游，旅游者更加注重旅游质量与旅游体验，对景区设施以及服务质量的要求也越来越高。智慧旅游的提出正好能够满足游客对于旅游质量的高要求，智慧景区的建设更是对景区基础设施的完善和提高。旅游本就是人们为满足某种动机或需求而产生的一种有别于他们日常生活的活动，因此，他们在旅游活动中，更愿意成为当地居民中的一员，去体验当地的生活、文化和习俗，传统的旅游活动已经再也满足不了人们的需求。旅游的过程就是体验的过程，除了注重体验，人们对于旅游活动以及旅游产品的要求还在于个性化，他们希望能够在不同的目的地获得不同的旅游体验或者是独具特色的旅游纪念品。但是，现实情况却并非如此，各地旅游景区旅游纪念品同质化严重，完全没有体现当地特色。

智慧旅游被越来越多的人提起。智慧旅游不仅更新了旅游信息化所需的技术，更从观念和思维上革新了人们的认识，实现思维、商业、管理上的变革。旅游由从前的团队出行方式到目前的个性化定制，从实体经济到线上非现金交易等变化均满足了不同消费人群的需求，适应了消费方式的变化，告别了往常以人工实现管理的时代。在满足日益增长的游客智慧化旅游需要的背后，旅游管理部门和企业往往面对着庞大的消费人群、纷繁的数据量、众多的人工成本和多方信息不对称的情况，依靠传统的管理模式和出游方式难以应对日益增长的旅游人数、个性化需求和以市场为导向的旅游发展趋势。科学技术的运用大大推动了智慧旅游的发展，并使智慧旅游成为旅游者、管理者和企业越来越受欢迎的选择和尝试。

四、我国旅游业的转型

我国正从旅游大国向旅游强国的行列迈进，但同时也面临着诸多的问题。

首先，随着我国国民经济水平的持续平稳增长，人民对旅游的需求不断增加，越来越多的居民希望能够走出家门，增长见识，但又由于中国特有的国情以及假期制度，造成了每逢假期旅游人数剧增的现象，景区超载现象十分严重。游客超载不仅容易对生态环境造成破坏，而且容易造成景区交通拥堵，诱发安全事故，降低游客游览质量。热点景区需要有效管理游客，加强生态环境监测，通过旅游高峰期游客时空分流导航管理均衡游客分布，以减轻环境压力，提高游客满意度。

其次，旅游景区建设发展需要走低碳、环保、可持续发展的道路。旅游景区在开发建设的过程中，坚决不能以牺牲环境为代价，要与环境和谐相处。由于自然环境遭到破坏而导致的一系列问题数不胜数，比如：全球变暖，珍稀动植物物种加速灭绝，自然灾害频发。因此，在旅游业的发展过程中更应该坚持保护环境的基本原则，建立可持续发展景区，降低旅游发展对环境的影响，增强可持续发展能力，提高景区管理效率和管理水平。

最后，旅游景区危机管理水平有待提高。旅游景区作为游览景点，尤其是在旅游旺季，具有人流量大、人群密集的特点。一旦出现突发情况，比如火灾、洪水、极端天气、地震、泥石流等自然灾害，就会对景区和游客造成无法估量的损失，甚至直接威胁到人们的生命安全。因此，旅游景区的管理者一定要提高危机管理能力，建立安全预警机制，保障人民的生命安全。因此，景区应该利用互联网、物联网等技术，建立智能安防系统，提供应急预案，并及时进行舆情监测，有效应对景区所面临的各种突发事件的产生，减少对游客、景区、周边社区居民以及景区工作人员的财产以及生命造成的伤害，实现旅游景区健康发展。

而基于大数据、云计算等技术，景区管理者就可以及时采集景区周边信息，帮助游客绘制完整、精准的景区导览地图，并将所有游客需要的信息付诸地图之中，给游客最详细、完备的信息；游客也能够根据景区发布的信息，制订出更科学的旅游计划。因此，“智慧景区”建设已经成为我国旅游业发展的一个新趋势。

综上所述，智慧景区建设是我国旅游业转型的关键一步，也是我国景区未来发展的方向，更是新时代下我国景区发展的战略选择。

第二节　智慧景区建设的基础理论

一、系统理论

（一）系统的基础理论

系统作为一项思想源远流长。系统一词来源于古希腊，有部分构成整体之意，人们普遍将系统认为是通过一定的结构形式，将某些元素连接成一个有机整体，并且该整体具有一定的特征或功能。该定义将系统、元素、整体的概念全部整合到一起，表明了三者之间的关系。

系统论作为一门科学的理论，具有开放性、自组织性、复杂性、时序性、动态平衡性等基本特征，该特征也是系统论的基本原则。系统论的核心思想是系统的整体观念。任何系统都是一个有机的整体，它绝不是系统中所有元素的简单相加，也不是所有要素的机械组合，它体现出的是所有要素组合后所体现出的不同性质。

另外，系统中各个元素在系统中绝对不是孤立的存在，每个元素都有自己特定的位置，这个位置的设定是科学的，能够让每一个元素都能在系统中发挥最大的作用。要素之间互相关联，组成了一个不可分割的整体。要素是整体中的要素，如果将要素从系统整体中割离出来，或者将要素在整体中的位置打破，那么它将失去要素的作用或者将整体的功能性减弱。系统论的重要的目标，不仅仅是学习和了解系统论的特点和规律，更重要的是能够将这些理论变成实践，能够利用这一理论去管理、改造一切。运用系统论的基本思想方法，就是把研究对象当成一个系统，分析该系统的特点、功能和组成要素，在研究的同时，要将系统周围和环境信息也考虑在内，研究其中的规律性，从而解决相关问题。

（二）旅游中的系统论

系统论既是认识论，也是方法论，将系统理论运用于旅游资源保护性开发实践之中，可以启发新的思路。旅游业自产生之初，便建立在食宿、交通等产业基础之上，后经不断发展，形成了以旅行社、旅游景区、旅游交通、旅游酒店等为代表的行业分支，不同的行业相互作用、相互影响，共同促进旅游业繁荣发展。

旅行社作为旅游线路的制定者和直接销售者，与旅游者、旅游经销商等直接对接，是旅游产品重要的销售展示渠道。旅行社负责旅游者的招徕工作，从而对旅游者进行分流和组团，在旅游市场中起着至关重要的作用。

旅游景区、旅游酒店等旅游企业是旅游产品的提供者，承接旅行社组织的游客，是旅游者在旅游过程中最直接的体验来源，其服务水平、产品质量直接决定了旅游者满意程度，影响旅行社的客源情况。

旅游交通作为旅游过程中的中间环节，其便捷程度、舒适程度会对旅游目的地的客流量产生影响，也会影响旅行社的客源情况。

旅游者作为旅游活动最直接的参与者，其行为和需求影响着旅游市场的发展方向，是企业发展的风向标，同时旅游者的旅游行为也会受到旅游企业的影响。

总之，旅游业中的各个行业相互依存，共同形成一个复杂、动态变化的整体，影响旅游业的发展。

（三）智慧旅游的系统

智慧旅游是在互联网的催生下产生的旅游业发展新形态，在传统旅游业的基础之上融入新兴信息技术，后来智慧景区的概念应运而生。与传统旅游景区的建设相比，智慧景区的建设除了基础的景区基本设施建设外，还利用了最新的现代信息技术，涵盖了数据中心、公共服务体系等新领域，不同领域相互作用，不断变化，大大扩张了旅游系统的覆盖面，以便对景区景点设施设备、自然资源、旅游者行为、景区工作人员工作状态、服务情况进行全面的感知。

运用系统论的观点来看待智慧景区的建设，可以将游客、景区管理者以及景区的自然资源等要素看成一个系统，同样，根据不同的需求，还可以将旅游服务供应商加入进来，优化企业和景区的管理经营模式，将旅游活动的上下游企业联合形成一个旅游活动供应链，实现对旅游景区内自然、文化资源的保护，提高景区管理者的服务质量，优化升级旅游活动项目，提高服务质量，提升游客实际体验。因此，不能把智慧景区仅仅当作是孤立的一个方面，它与感知系统、管理系统以及电子营销平台等系统息息相关。对智慧景区的研究离不开系统论的理论基础，要时刻以系统的眼光审视智慧旅游建设过程中的方方面面，任何细节的疏忽都可能造成牵一发而动全身的影响。

二、旅游体验的理论

（一）旅游体验的内涵

1970 年以来，国外旅游领域相关学者就将旅游体验作为重点研究方向，而直到 1990 年，国内学者才开始了对旅游体验的研究。

国内旅游学界相关学者对于旅游体验的研究主要从以下两大类进行：一是以《体验经济》为基础，从不同学科领域，如经济学、管理学等为切入点，展开对旅游者、旅游活动的研究；二是从“旅游活动的本质”出发，对旅游体验的相关理论框架进行研究。

智慧旅游、智慧景区提出的主要目的就是以游客为导向，通过现代技术手段,满足游客多样化的需求,提高景区服务质量,提高游客旅游满意度。因此，景区要想全面完成智慧景区的建设，就必须“以人为本”，注重游客体验。

旅游体验也是一种消费行为，并且是人们预先构想出来的、具有大众化特征的旅游体验，人们的旅游动机不同，即使参加了相同的旅游活动，也会产生不同的旅游体验，影响旅游体验的最终因素就是旅游者本身。旅游者自身生长环境、受教育状况以及价值观的不同都会影响到旅游体验，而这种因素造成的影响是最大的。旅游体验的本质是包含了娱乐、学习等多功能的旅游活动。

随着我国经济的突飞猛进以及生活水平的不断提高，继农业经济、工业经济以及服务经济后，又出现了一种全新的经济形势——体验经济。体验经济的背景下，人们的消费观念逐渐转变，从价格追求逐渐转变到质量追求。在旅游活动中，旅游者不再满足于同质化的旅游产品，也更加注重自身体验，追求更加个性化、体验化、独具特色的旅游服务以及旅游产品。

体验式旅游就是指旅游者在进行旅游活动时，景区多为旅游者提供参与性和体验性活动，使旅游者享受旅游的过程，从中体验快乐。20 世纪 80 年代，城市人民为了寻求更轻松、更自由的休闲旅游的方式，经贵州朗德上寨的民族风情游和龙泉驿书房村的桃花节等多种形式呈现之后，逐渐开始兴起的“农家乐”就是体验旅游的雏形。

体验式旅游与传统的旅游形式相比，旅游者追求的是生活方式的改变，他们为了感受异于平常的生活而离开日常居住地，前往自己向往的地域扩展视野，体验不同的文化气息。而传统的观光式旅游则只能为游客提供单纯的观光服务，多依赖于当地的自然风光或历史文化遗产，后来探险式旅游逐渐兴起，多数景区依托天然优势为游客提供漂流、爬山、潜水等服务，追求感官上的刺激，也属于体验式旅游的一种；而度假式旅游则为旅游者提供一种轻松自由的氛围，让旅游者更好的体验假期生活。

体验式旅游能够让旅游者更好地认识自我。从本质上来说，体验式旅游具有多重结构。

首先，从时间上来看，体验式旅游有阶段性特征，可以将整体的旅游活动分为预期体验、实际体验以及回忆体验，能够将旅游者的旅游体验随着时间的流逝不断升华。

其次，从深度上来看，体验式旅游能够为旅游者带来多重感受，使得整体的旅游活动具有一定的层次性。旅游者在旅游活动中首先获得的就是生理体验感受，比如感官体验以及身体体验，之后，随着旅游活动的不断加深，旅游者所获得的体验也逐渐转变到心理感受，包括情感、精神、心灵等方面的体验。

最后，从强度上来说，旅游体验主要分为一般性体验以及高峰性体验，旅游体验强度越高，给旅游者留下的价值就越大。

旅游体验质量的高低直接影响到游客对景区的忠诚度以及对旅游的欲望。当一个人为了满足自己身体或心理的某种需求，就会产生旅游行为，获得某种旅游体验。若旅游体验的质量较高，就会促进游客进行下一次旅游，若游客旅游体验质量较差，就会影响到旅游欲望的产生。

（二）旅游体验的质量

旅游体验质量的高低对游客满意度有着直接且重要的影响，国内外学者采用了定性分析与定量分析相结合的方法对旅游体验质量进行研究，该研究对景区的开发和服务质量的提高具有十分重要的意义。

1988 年，定性测量的代表米哈利·契克森米哈提出旅游体验的“挑战—技能”模型，如图 1-1 所示。

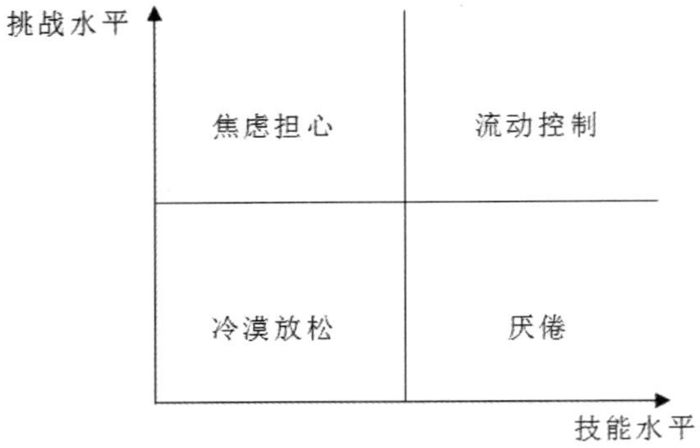

图 1-1　旅游体验“挑战—技能”模型

该模型将游客自身的技能水平和挑战水平作为变量，来反映旅游者的旅游体验。将游客技能水平作为横轴，将挑战水平作为纵轴向旅游者搜集数据。若旅游活动的挑战难度大于旅游者的技能水平，则表示旅游者不会参与到该活动中，或者是会挑战失败，就会导致游客的满意度降低或者产生不满情绪；反之，若旅游活动的挑战难度小于技能水平，可能会出现旅游活动难度太小，较容易被旅游者掌控，没有新鲜感，此时，旅游者的满意度也不会太高。因此,该模型有效地表明了影响游客旅游体验满意度的因素。

三、顾客满意度的理论

顾客满意度就是衡量顾客满意程度的指标。若想理解顾客满意度，首先要将该名词分为两个部分——顾客满意和满意度。顾客满意就是指用户对其消费所得的产品或服务在使用后得到满足的程度的一种感受；而满意度就是用户满意程度的反馈。用户通过使用该产品或享受某种服务过后，对产品的性能或服务的质量进行评价，并给出是否达到用户预先期望的一种水平，是用户的一种主观感受。顾客满意度的调查方式一般采取抽样调查，通过用户对产品满意度指标的打分情况，运用加权平均法得出最终结果。

20 世纪 90 年代以来，顾客满意度作为营销管理战略被广泛提起。营销组合四个基本要素的也有了重新设定——4C 营销理论，分别为顾客（Consumer）、成本（Cost）、便利（Convenience）和沟通（Communication）。该理论强调企业应该以用户满意度为导向，降低用户的购买成本，提升用户购买的便利性，以此为目标制定营销策略，而不是依据企业的经济效益来决定营销策略。企业还应该与消费者之间建立专门的沟通反馈渠道，实时改进产品和服务，以提升用户对产品的满意度和忠诚度。企业不仅要与外部用户建立沟通交流渠道，还应该注重与内部用户的联系，内部用户即内部员工，时刻了解员工对工作、产品的满意度状况，找出企业在用户价值创造和传递方面的问题。而传统的4P营销理论以产品为导向，不注重用户体验与用户意见，不能很好地与消费者沟通交流，已经不能完全适应当今时代消费者在市场中的重要作用。

越来越多的企业认可4C营销理论所传递出的价值，逐渐将自己的重心放在消费者以及市场上，与消费者建立一种长期的、更加紧密的动态联系。

在顾客满意度定义的研究方面，国外学者做了大量的工作。顾客对产品的期望和产品的实际表现会对感知绩效评价产生极大的影响。从顾客期望以及产品效用出发，顾客满意是一种消费者预期期望得到满足后的一种主观反映，顾客满意度的高低受产品和服务对于顾客需要程度的影响，反映的是预期与实际表现的一致程度。因此，顾客在产生购买行为前，会根据自己的体验经历、产品的广告宣传等对产品产生一定的心理预期，在购买产品后进行产品体验时，会不自觉地将其实际体验与之前的心理预期进行比较。当实际体验与心理预期相符或者实际体验远超于心理预期，顾客就会满意且满意度就会提高，但是若游客的实际体验低于其心理预期，顾客就会不满意。

还有学者分别对顾客或者企业进行分类，探究不同顾客满意度的影响因素。对顾客进行研究，将其分为两类，即个体顾客和商业顾客，并从这两类顾客的特点出发对顾客满意度进行研究，建立两种顾客模型，表明顾客对不同因素的敏感程度的差别。

顾客满意与购买意向的关系一般有两种：一是通过态度这一中介变量来影响购买意向；二是顾客满意能够直接影响购买意向。口头传播是影响企业在消费者之间口碑的重要因素，若产品或服务质量好，消费者通过口口相传，就能够促进消费者的二次消费或者带来新客源。但是，一般负面的消息口头传播的速度比正面的消息传播得更快。

国内学者对于顾客满意度研究起步较晚，直到1998年才将其从国外引进。

国内学者主要从实践方面对指标模型的构建以及服务质量的测评两个方面进行研究。由于顾客满意度本质上属于顾客的一种自我感知和主观评价，因此具有很强的模糊性和主观性。在对其进行评价的过程中，会受到很多因素的影响。因此，几乎不存在适用于所有产品或行业的顾客满意度测量模型，但是能够为之后的研究提供借鉴和指引。

四、可持续发展的理论

20 世纪中叶，随着经济水平的不断增长，城市化进程不断加速，人口的急剧增长，这些现象为环境带来了极大的压力。

所谓可持续发展，就是指当前的环境和资源“既能满足当代人的需要，又不危及后代人满足其发展能力的需要”。此概念一经提出，在世界范围内引起极大反响，并以此为主题展开热烈讨论。1992 年，联合国环境与发展大会召开，该发展理念得到所有与会者的认可和欢迎。

可持续发展的理论源于环境保护，从环境与资源的角度出发，提出人与自然和谐发展的相处模式。其关键在于人与自然、人与社会的和谐发展和共同进步。可持续发展包括了生态、经济、和社会可持续发展三层含义。公平性、持续性以及共同性为其三大基本原则，该理论的最终目的是达到共同、协调、公平、高效、多维的发展。这表明，可持续发展虽然起源于环境保护问题，但作为一个指导人类走向 21 世纪的发展理论，它已经超越了单纯的环境保护。它将环境问题与发展问题有机地结合起来，已经成为一个有关社会经济发展的全面性战略。

若想实现可持续发展的目标，必须要有相对应的能力水平。科技水平的进步、教育的改革发展以及法制的完善支撑了可持续发展战略体系的构建。对于一个国家来说，若想实现可持续发展战略，必须要国家政府、人民等通力合作，借助科技、管理、决策、教育、法制等手段，实现可持续发展的目标。

可持续发展的基础理论包括生态学理论、人口承载力理论、人地系统理论等。人类的经济发展与生态学关系紧密，符合生态学三大原理——高效、和谐以及自我调节。高效原理指的是能源和废弃物的高效利用和循环生产；和谐是指系统中的各大要素和谐共生，共同进步；自我调节原理则是指系统内部各个要素的自我升级完善的过程，而不是遭到外界的胁迫进而被动地发展。人口承载力理论的产生，则是由于地球生态系统、自然资源和环境条件有限，不能够承受无限制的人口增长，因此，其本身的承载力就会有一个阈值。一旦超过该阈值，就会直接影响到人类的生存环境，会造成不可估量的后果，该理论成果的发表被称为 20 世纪人类最重要的三大发现之一。人地系统理论表明了人类社会和地球系统的关系，人类社会由地球系统产生，是地球系统中一个重要的子系统，同时，它又与其他地球子系统相互联系、相互制约。地球系统是一个复杂的生态系统，它含有不同的圈层，各个圈层分别对应不同的资源类型和功能。比如：地球含有大气圈、水圈、岩石圈以及生物圈，这几大圈层又分别对应了地球上的气候、水文海洋资源、土地矿产资源以及生物资源。人类社会的一切活动都受到以上各种资源的影响，地球系统是人们生存、活动的物质保障和前提基础。

旅游业的可持续发展理论可以理解为旅游发展与社会经济、生态环境的和谐、持久的发展。即不仅要满足旅游者和当地居民当前的生活、文化、精神的需要，还要使全球的生态体系、各国的民族文化、人们的生活质量保持完整性、多样性和有序性。可持续发展的基础理论都可以应用到旅游业的发展中来，比如在进行旅游资源的规划与开发方面，就要遵循生态学理论，对旅游资源合理开发，既要发挥出旅游资源的作用，又不能对其破坏；人口承载力理论则被运用到了一些景区的游客观赏方面，一些景区为了能够实现可持续的发展与保护，借用了承载力的概念，通过对景区每日接待游客最大承载力数量的计算，严格控制进入景区参观游览的人数，确保景区获得最大的保护。

五、智慧景区评价体系

2012 年以来，越来越多的学者转入了智慧景区的相关研究，对其内涵、框架等各个方面的研究已经发展到了一定的程度。但是，当智慧景区基础理论研究和实践都达到一定的水平和深度后，对于其建设程度以及智慧化水平，就需要一套标准的评价体系进行测量和验收，但是，就目前来说，由于国外并无智慧旅游、智慧景区等相关概念。因此，本书主要将对于智慧景区建设评价指标体系内容的研究视角放在国内。

随着智慧旅游、智慧景区的概念被大众熟知，旅游产业改革如火如荼地进行着。随着时代的发展进步，服务企业的发展更是逐渐以消费者为导向，旅游业更是如此，因此，提高游客在旅游活动中的满意度是旅游企业和景区发展的终极目标。近年来，国内外学者就顾客满意度方面进行了大量而且深入的研究，构建了许多顾客满意度测量模型，比如：1980 年美国著名专家奥利弗提出的期望—差别模型、SERVQUAL 模型、美国顾客满意度指数模型（ASCI），因子分析法和重要性—绩效分析模型（IPA）。本书针对智慧景区建设的特点，主要对因子分析法以及重要性—绩效分析模型进行介绍。

因子分析法在发表初期并没有被引入旅游领域中，但是随着该方法的逐渐完善以及社会的发展，因子分析法才逐渐被应用到更加广泛的领域。所谓因子分析，就是将影响某一因素的多个变量总结梳理为互不相关的、综合性的少数几个变量，这些少数变量拥有很强的代表性。该模型能够将复杂的实验研究简单化，因此得到了广泛的应用。

IPA（Importance & performance Analysis）模型就是重要性—绩效分析，重要性—绩效分析又被称为顾客窗户，是分析顾客对供应商的产品和服务的重要性和绩效的感知，其有助于组织顾客讨论他们的需要与感受。也可以对顾客和组织的感知做比较，以寻求两者中暗含的不正确的优先顺序的差异，从而找到提高顾客满意度和顾客忠诚度的途径。对于分析结果，一般都是采用I-P图来进行分析。在I-P图中，一般将客户的实际感知作为X轴，产品指标对游客的重要性作为纵轴建立平面直角坐标系，并将平面坐标分为四个象限，景区的某项产品或服务在图中的位置不同，则其优先发展的顺序以及对于游客的重要程度也不相同，景区管理者就可以根据图中的内容优先建设游客认为极其重要的服务，提供旅游产品，提高景区服务质量。

第三节　大数据及其在景区中的应用

一、大数据

（一）大数据的概念

大数据是人们在大规模数据的基础上可以做到的事情，而这些事情在小规模数据的基础上是无法完成的；大数据是人们获得新的认知、创造新的价值的源泉；大数据还是改变市场、组织机构，以及政府与公民关系的方法。其指出大数据与小数据的区别,明确大数据的功能和价值。大数据的三大法则：

（1）不是随机样本，而是全体数据。即样本 = 总体。

（2）不是精确性，而是混杂性。大数据的简单算法比小数据的复杂算法更有效。

（3）不是因果关系，而是相关关系。预测的关键是“是什么”，不是“为什么”。

大数据需要新处理模式才能具有更强的决策力、洞察发现力和流程优化能力。它强调数据是需要全新处理模式的信息资产，通过数据处理，才能具有更强的决策力和洞察力。大数据是指其大小超出了典型数据库软件的采集、储存、管理和分析等能力的数据集合。与此同时，数据的数据量和性能大到足以成为设计和实施数据管理及分析系统的决定因素，这指出了数据管理的必要性。尽管专家学者和研究机构对大数据的概念没有统一的界定，但是，在对大数据的阐述上，主要围绕以下方面展开：

（1）明确大数据的体量特征，将大数据与小数据区别开来。

（2）对大数据的处理和应用需要新方法、新思维，传统的对小数据的处理方法难以满足海量的大数据处理和应用的现实。

（3）强调大数据的功能和价值，通过大数据，可以获得新的认知、新的价值，对大数据的应用能够改变市场、组织机构，助力企业、组织和社会发展。

（4）大数据不仅指海量的数据集，而且指海量数据的采集、存储、传输、运用等系统的方法和实践。

（二）大数据的特点

大数据及海量、高增长率和多样化的信息资产以及对海量数据的利用意味着能以完全不同的方式解决问题。可以用 5V 来概括大数据的特点：

（1）大容量（Volume）。大容量是大数据区分于传统数据最显著的特征，传统的数据处理没有处理足量的数据，并不能发现很多数据潜在的价值；大数据时代随着数据量和数据处理能力的提升，使从大量数据中挖掘出更多的数据价值变为可能。互联网的发展、移动互联网的广泛应用、社交网络的兴起、自媒体的产生，使得人们能够通过电脑、手机、微博、微信、空间等各种平台、渠道、终端实现信息的获取和传播，在此过程，将产生大量的数据。这些数据通常能够到达 TB（1TB=1024GB，以下依次类推）、PB、EB、ZB、YB、BB、NB、DB 甚至更大的级别。

（2）多样化（Variety）。多样化主要说的是大数据的结构属性，数据结构包括结构化、半结构化、准结构化和非结构化。结构化数据是指通过一定的组织安排、程序设计和规定算法收集到的数据，这类数据具有明确的层次结构和逻辑关系，能够与其他数据直接进行交换、计算，并且这类数据具有一定的操作规范，数据的收集、处理和应用较为简单。半结构化数据具有一定的结构性，但没有严格的模型、程式和关系，其数据结构变化很大，不能通过简单的模型对数据进行直接应用。非结构化数据是与结构化数据相对而言的，这类数据突破关系数据库中数据结构和限制因素，在处理连续数据方面有着结构化数据无可比拟的优势。大数据主要面向半结构化数据和非结构化数据。按照数据载体的不同，大数据可以分为图片、文字、数字、声音、视频、符号等；按照产生对象的不同，可以分为个人、企业、组织、政府等；按照产生场所的不同，可以分为生活数据、消费数据、工作数据等。

（3）快速率（Velocity）。从数据产生的角度来看，数据产生的速度非常快，很可能刚建立起来的数据模型在下一刻就改变了。从数据处理的角度来看，在保证服务和质量的前提下，大数据应用必须要讲究时效性。因为很多数据的价值随着时间在不断地减少。

（4）价值性（Value）。大数据的价值性可以从两方面进行理解：数据质量低，数据的价值密度低。各种不同类型的数据，都有特定的来源，例如，人们在网上消费中对商品信息的浏览，人们在运用手机查看新闻时所处的时间段，这些看似单体分散的数据，实际是对人们生活、消费、工作等的真实描述，而行为、信息、数据的产生自然有其内在联系，也就因此内含了其中的逻辑。数据是行为的表现，将这些数据集中起来，并以特定的方法进行组织、推理、测算，便可发现其中的规律，对这些规律进行充分的开发和应用，即可实现数据的价值。

（5）模糊性（Vague）。采集手段的多样化、传感器本身监测精度与范围的局限性、监测信息变化的非线性和随机性、自然环境的强干扰性等，使采集到的数据具有模糊性。在大数据处理过程中模糊性也会带来巨大的影响。因此，数据的挖掘和清洗、算法的模型和因子选择、机器训练等就变得很关键。

（三）大数据应用技术

（1）Hadoop 大数据平台。这是当前大数据平台中应用率最高的技术。Hadoop 技术架构是采用并行机制，通过开发分布式程序，充分利用集群力量进行高速存储和运算的。Hadoop 框架的核心设计包括 HDFS 和 MapReduce 这两个部分，其中 HDFS 为海量数据提供存储，MapReduce 则为海量数据提供计算。

（2）NoSQL 数据库。NoSQL 数据库为非关系型的数据库，可以处理巨量的数据。它主要包括键值存储数据库、列存储数据库、文档型数据库和图形数据库四种类型。其中键值存储数据库主要用于处理大量数据的高访问负载，列存储数据库主要用于分布式的文件系统，文档型数据库侧重 Web 应用，图形数据库专注于构建关系图谱，主要用于社交网络和推荐系统。

（3）内存技术。内存技术可以提供更快的数据分析和挖掘服务。内存技术的发展需要将计算机中的数据存储在随机存取存储器中，而不是计算机的硬盘中。内存技术在大数据中的发展和应用，可以实现用简洁方式处理结构化与非结构化数据，加速数据的读取和处理，提高大容量数据的处理效率。

实际上，大数据中的应用技术，主要集中于数据的感知、采集、存储、传递、分析、处理等方面。当前，云计算技术、分布式处理技术等已经能够为大数据的发展应用提供一定的技术支撑，但随着大数据的普及应用，其在巨量存储、准确分析、高效处理等方面，仍然需要技术更新和创新应用。

（四）大数据处理流程

（1）数据采集。利用多种数据库接收来自客户端的各种数据。在数据采集的过程中，前端的信息采集较为重要，数据库系统较多，因此信息采集的过程应注重全面性；如果信息的采集存在错误、遗漏或不全面，将会影响数据的分析和使用。

（2）存储。对采集到的数据进行存储。大数据技术采集到的数据通常是大容量的，这就对数据的存储提出了较高的要求，海量数据的存储系统应当具备一定的拓展能力，可以通过增加磁盘或模块等来增加容量。由于数据的采集可能是不间断的，存储的过程也应当保持连续性，这就对数据存储的吞吐能力提出了较高的要求。

（3）分析。基于一定的组织、程序、架构、规则和算法，将通过前端采集到的海量数据导入大型的分布式数据库，利用分布式技术对存储于其中的大量数据进行分类和整理，从而满足各方分析和挖掘需求。其主要特点是，在分析之前立足分布式数据库系统，建立相应的组织、程序、架构、规则和算法，保障数据分析的有序进行和分析结论的准确性，这就对数据分析体系的逻辑结构提出较高要求，数据分析的内在逻辑应当准确合理。

（4）挖掘。基于已经采集的大量数据，通过简单的操作即可生成分析模型，例如在客户分析、用户画像、精准营销等方面的应用，从而为提高商业决策的科学性提供依据。但由于程序和算法复杂，涉及的数据量和计算量通常较大，模型的建立需要科学准确，同时，产生的相关关系或者因果关系可能并不完全正确，需要进行判断和验证。

（5）信息应用。经过数据分析和数据挖掘后得到有价值的信息，对信息进行应用。用户可通过电脑、手机、平板电脑（iPad）等终端查看数据分析结果，进而实现信息应用。

（五）大数据功能价值

1. 带动社会服务

长期以来，社会各行各业在发展建设中产生了大量的数据，但是，在技术和应用条件有限的情况下，这些数据资产在无形中流失。大数据时代的来临，为数据采集、数据存储和数据挖掘提供了技术支撑，于是，政府、城市、行业等产生的大量数据可以得到广泛应用。政府在数据采集、技术应用、经济支撑等方面具有天然优势，通过大数据技术，可以对大量的公共数据，甚至个人用户数据进行应用，从而在安全、教育、卫生、医疗、环保等方面提供充分的社会服务，保障社会的健康发展。

2. 创造经济效益

大数据的迅速发展，本身能够在硬件、软件等方面为计算机行业、信息行业等创造大量的商业机会。更重要的是，大数据的应用，将为各行各业带来变革和创新。企业通过数据挖掘，分析市场环境的变化、摸清顾客行为的特征、确立经济效益的来源、找寻组织变革的力量，在保障经济收益的同时，实现企业的长期稳定发展。创业者则能够基于大数据预测行业趋势、把握发展方向、精准市场细分、实施蓝海战略，从而获得创业和发展机会。

3. 提升公众服务

大数据在公共服务中的应用，将在安全、教育、卫生、医疗等方面为公众生活提供便捷的服务。实际上，现在已经得到成熟应用的天气预报，即是对大数据的应用。随着大数据技术的纵深发展，灾害预警的精确度、远程医疗的便捷性等将真正走进社会大众的日常生活，为人们带来安全、舒适和便捷。同时，企业对大数据的应用，能够实现精准营销和准确推送等，从而使消费者省时、省力、省钱，为经济生活带来便捷和实惠。大数据在公共服务和经济生活中的双重应用，将真正为普通大众带来智能、时尚和便捷的生活体验。

二、大数据在景区中的应用

（一）大数据在旅游业中的作用

1. 增加旅游经济路径选择

当前，旅游电子商务发展风生水起，各种旅游创业公司不断涌现，在线旅游服务商呈现出产品精细化、服务专业化、竞争白热化的特征，这既为传统旅游企业带来压力，又为新兴旅游企业创造机遇。为了在激烈的市场竞争中夺得一席之地，并强化业务领域，大数据的应用成为可靠路径和现实选择。基于大数据，旅游企业能够对企业发展、行业趋势、市场变化、消费者特征等进行分析和预测，从而为企业发展战略、旅游市场营销、未来市场选择等提供科学依据，进而提供商业机会，缩减运营成本，创造经济价值。

2. 优化旅游行业管理水平

随着大众旅游的发展，客满为患、交通拥堵、资源破坏、不文明旅游等问题不仅为旅游业发展带来了负面效应，同时也影响了大众旅游消费体验。然而，大数据为解决上述问题提供了应对之策。以敦煌莫高窟的文物保护为例，室内环境可能对壁画产生影响，大数据的应用，对室内客流量、温度、湿度、照明、氧气浓度、二氧化碳浓度、壁画质态等进行实时监测，探寻其中的内在联系，从而为文物保护提供依据。同样，大数据在安全预警、交通疏导、环境监测、资源保护、公共服务等方面有着广泛的应用前景。大数据在旅游业中的广泛应用，将真正有助于提高旅游管理水平。

3. 提升旅游消费体验技术

这主要体现在两个方面：一是旅游企业通过应用大数据，为旅游消费者提供个性化服务；二是旅游行政管理部门运用大数据，在交通疏导、客流控制、安全预警等方面提供公共服务，为旅游者提供安全、舒适、便捷、智能的消费体验。政府和企业的共同发力，将提升旅游消费体验的整体水平。

2015 年，国家旅游局在《关于促进智慧旅游发展的指导意见》中强调旅游大数据的功能作用，明确要求推进数据开放共享：加快改变旅游信息数据逐级上报的传统模式，推动旅游部门和企业间的数据实时共享；各级旅游部门要开放有关旅游行业发展数据，建立开放平台，定期发布相关数据，并接受游客、企业和有关方面对于旅游服务质量的信息反馈；鼓励互联网企业、OTA 企业与政府部门之间采取数据互换的方式进行数据共享；鼓励旅游企业、航空公司、相关企业的数据实现实时共享，鼓励景区将视频监控数据与国家智慧旅游公共服务平台实现共享。大数据在旅游业中发展应用的时代已然来临。

（二）大数据在旅游业中的类型划分

海量旅游数据每时每刻都在产生。旅游消费者网上使用的浏览器有意或者无意记载着个人信息数据；智能手机、平板电脑、智能手表等设备在运用中产生数据；旅游企业里的路由器、空调、饮水机也在产生大量数据；旅游中的商户无线网络（WiFi）、银行自助取款机（ATM）同样产生数据；旅游者的微博、微信、空间等数据众多。所有的这些数据体量巨大，类型繁多。为了有针对性地对数据进行筛选、搜集和应用，数据分类成为现实必要。

1. 按照数据产生的主体划分

按照数据产生的主体不同，可以分为个人数据、企业数据和公共数据。个人数据是消费者和旅游者在旅游消费和旅游活动中产生的各类数据，如消费者网上浏览旅游产品信息的记录、旅游者在旅游活动中对产品的评价等；企业数据是旅游企业在运营发展中产生的各类数据，如企业的能耗情况、员工行为、产品特征、财务信息等；公共数据是旅游业发展中产生的应当向社会大众公开的各类数据，如旅游人次、旅游经济收入等。

2. 按照数据产生的渠道划分

按照数据产生的渠道不同，可以分为个人电脑（PC）终端、手机终端数据及其他感知和应用终端数据。PC终端数据是们使用PC终端时产生的数据，手机终端数据则是人们使用手机终端时产生的数据，此外，也有其他终端产生的数据，如景区智能监控系统的视频记录数据。当前，智能手机和平板电脑等的广泛应用，已经在手机、应用软件（App）等方面产生了大量的旅游商业机会，因此，按照产生渠道采集数据，符合数据运用逻辑。

3. 按照数据应用的目标划分

按照数据应用的目标不同，可以对数据进行细分，如提高组织运作效率、助力旅游市场营销、优化企业发展环境等，基于不同的需要，采集与之相关的数据。基于数据应用的目标开展数据采集，既能避免海量数据的干扰，又能为数据采集缩减成本，还能实现数据的专项应用。

此外，也可按照数据的格式、载体、产生空间等进行分类，但归根结底，都是为数据应用而服务。因此，按照数据应用的目标不同，分门别类有针对性地进行数据采集、数据分析和数据挖掘，进而实现数据价值，是大数据时代实现数据采集和数据应用的理性选择。当然，对于有条件、有能力的主体而言，进行大样本、大容量的数据采集，进而实现数据存储、按需筛选和实时应用，也是较为可行的。

随着大数据的进一步发展，获得数据的方式将主要有两种：一是用户自主采集；二是数据购买。对于用户自主采集而言，需要全面的数据来提高分析和预测的准确度，因而，数据采集需要更多便捷、廉价、自动的数据生产和数据采集工具。

总之，旅游大数据的来源既可以是线上的，也可以是线下的。除了传统统计数据外，还有互联网公司（电子商务）数据、通信运营商数据、银行保险服务商、智慧旅游数据等。

（三）大数据在旅游业中的功能价值

（1）助力旅游市场精准营销。旅游企业和旅游目的地等对消费者和旅游者大数据进行分析，能够探索和发现旅游消费和旅游活动规律，把握旅游消费者的心理和行为特征，进而提供有针对性的产品和服务，满足旅游者个性化需求。例如,根据消费者在网上浏览的旅游信息的特征,如旅游产品的价格、类型、所在区域等,分析旅游者的消费水平、旅游类型、意向旅游目的地等,进而推送产品和服务信息,实现精准营销。

(2)推动旅游创新创业发展。旅游业中的大数据主要来源于网站访客行为记录、移动设备应用记录、物联网终端感知系统、人工采集数据信息、旅游消费者主动反馈等方面,可以对这些数据进行分析,来寻找旅游消费者的诉求和兴趣点,并通过商业创新满足旅游者诉求。对旅游业中大数据的分析和挖掘越透彻,就越能找到更多的商业机会。旅游创新创业公司的大量出现,将推动旅游服务和旅游体验的变革升级。

(3)加快旅游企业发展变革。信息社会的高速发展,对组织和企业的变革能力提出要求,为了适应迅速变化的社会环境、消费方式和大众生活,旅游企业也应当不断发展变革,对大数据的应用,则能帮助旅游企业找寻变革发展的方向。旅游企业中的大数据涵盖员工行为、资源消费、顾客关系等各个方面,所有的这些数据的变化,都是对员工、消费者、产品、服务、效率的反映,通过对运作效率、员工忠诚度、顾客满意度、产品受欢迎度等进行实时监测,可以为旅游企业的变革方向和目标选择提供科学依据。

(4)提升旅游行业管理水平。长期以来,客满为患、交通拥堵、资源破坏等问题困扰旅游业发展,也影响了旅游体验和旅游舒适度。旅游企业和旅游目的地既希望获得经济效益,又不愿因为保障服务质量和体验水平而将旅游者拒之门外,更多情况下,即使服务质量和旅游体验降低,旅游企业和旅游目的地也要持续接待大量旅游者。但这也对旅游企业和旅游目的地产生不良影响。然而,大数据的应用,既能保障游客数量,又能提升体验环境。通过客流调节、交通疏导、生态监测、视频监控等,实现旅游企业和旅游目的地的可视化、智能化、便捷化管理。因而,无论是对公共服务,还是旅游企业,大数据的应用将强化旅游管理。

(5)提升旅游行业服务质量。旅游者是旅游业的核心,没有旅游者也就无所谓旅游业。无论是旅游企业的市场营销和组织变革,还是旅游目的地的行业管理和公共服务,最终都是通过提升服务质量,使旅游者满意,进而获得经济效益。因此,大数据在旅游业的发展应用,尽管表现为旅游企业和公共服务两个主体,但直接受惠者即是旅游者,提升旅游服务质量是大数据在旅游业发展应用的必然选择。

（6）促进智慧旅游发展建设。智慧旅游的发展建设，包括两个层面的含义：一是智慧工具的综合应用；二是通过智慧工具产生“智慧”。大数据则不仅是智慧的工具，而且是智慧的来源。在智慧旅游的发展建设中，应用软件、无线 WiFi 网络、物联网终端、智能门禁、智慧客房、旅游门户网站等包涵大量的数据端口，并对旅游消费和旅游活动等数据予以记录和存储。通过大数据，可对这些巨量的非结构化、半结构化和结构化数据进行分析和挖掘，获得有价值的信息，从而为智慧服务、智慧管理、智慧商务、智慧营销等提供科学依据。因此，大数据是智慧旅游的重要部分，大数据的应用将促进智慧旅游的发展，并真正实现旅游业的“智慧”。

（四）大数据在旅游业中的应用特点

尽管大数据的发展和应用才刚刚开始，但旅游业对大数据的探索和实践已经逐步展开。对当前大数据在旅游业中的发展应用进行总结，呈现出以下特点：

（1）就数据量而言。主要是对少量数据的应用，如网民的景区搜索记录、旅游产品浏览记录等，大量的精细的数据并没有得到应用，甚至没有被收集。

（2）就数据类型而言。主要是对结构化和半结构化数据的应用，对非结构化数据的采集和应用仍然处于起步阶段。大数据的重要特征即是对非结构化数据的采集、分析、挖掘和应用，因此，在结构化数据足够丰富全面的情况下，旅游业更应当挖掘非结构化数据的价值。

（3）就数据应用方式而言。主要有两个：一是对旅游者消费行为和旅游活动等基本数据进行分析，助力旅游市场营销；二是基于用户生成内容，实现旅游社区网站的发展运营。

（4）就数据分析、挖掘和应用水平而言。仍然处于较低水平，在系统自动化、模型严谨性、分析准确性等方面，有较大的提升空间。例如，基于少量数据，经过粗略评估，生成用户画像，可能其本身在数据和模型等方面就存在诸多问题。

大数据在旅游业的发展应用已经启动，随着大数据技术的发展成熟，其在旅游业中的功能和价值也必将被充分地实现。

第二章　智慧景区的景观规划研究

第一节　智慧景区景观规划的原则与特性

旅游景观是一个国家和地区自然景观和人文资源的精华，作为旅游活动的核心吸引物，旅游景观是旅游业得以发展的基础和前提条件。可以说，没有好的旅游景观就没有旅游活动，更谈不上旅游业的发展。智慧景区旅游景观规划设计是随着经济的进步和旅游的兴盛而出现的，它以旅游景观学、景观生态学、旅游规划学等多学科的理论研究为依托，是现代旅游业管理与发展的重要方法和手段。因此，对旅游景观规划设计的全面掌握和深刻认识对于旅游经济的发展具有重要意义。

一、智慧景区景观规划设计的原则

（一）功能定位方向的原则

1. 文化原则

成功的智慧景区景观设计，其文化内涵和艺术风格或具有鲜明的地域特色，或具有特殊的民俗风情。可以说，旅游本身是一种文化活动，因而旅游景观要想拥有长久的生命力，就应该以其特定的文化内涵满足游客的心理需要。因此，在旅游景观设计过程中，首先要在对旅游资源进行调研、评价的基础上确定其核心文化，进而进行下一步的旅游景观设计。在设计中应该注意，每个景观要素的设计及其相互之间的有机协调，应该围绕主题文化展开。

文化景观包括社会风俗、民族文化特色、广告影视以及居民的行为规范和精神理念，如有特色的文化习俗、艺术及手工艺，有趣的艺术形式——戏剧、音乐节、舞蹈表演等活动，有趣的经济生产活动——农耕、茶道、捕鱼等。

文化吸引物旅游资源是人类历史与文化的智慧结晶，规划设计需对物质形态的文化吸引物进行合理的引导和开发建设。比如对风景建筑景观的设计要注意对当地民俗及风土环境等文化内涵的研究，注意从地方民居中汲取精华，从文化学的角度来探讨风景建筑的文化归属，从而找出其创作的着眼点，设计出得体于自然、巧构于环境的风景建筑。同时，注意文化内涵的最佳表现和参与性动态旅游景观的设计，使游客在亲身感受中体会文化的精髓。

而文化吸引物资源中的非物质形态部分同样是旅游发展的潜在吸引力，在规划设计中要给予明确的引导，以便进行整体旅游展示内容的策划。

因此，在设计中不仅要尊重民俗、注重保护传统人文景观特色，还应当将现代文明融入其中，创造与环境和谐的新景观，而不是试图改变原有生活内容。

2. 心理原则

智慧景区景观规划设计的最直接目的是通过对景观的审美价值、文化价值的提升，使其更好地服务于旅游者，以实现其经济效益，因而能否抓住大众旅游者的消费心理将影响这种服务的质量和回报率。旅游景观设计要想赢得人心，就应该在设计时站在一个具体人的角度进行思考，充分顾及人的心理需求，使设计做到“人性化”。

一方面，如果旅游者是短期度假旅游，其诉求就与传统观光旅游者有所区别，因此，为满足这类游客的需求，就要有更多的吸引游客停留与享受的旅游资源的景观设计，才能使游客体会到实现了度假旅游的目的。

另一方面，旅游景观设计不仅要考虑游客的心理需求，还应该照顾到旅游地居民的需求。因为旅游地的居民，祖辈在此繁衍生息，有着其自身的生活劳作传统，旅游的发展对他们的影响也是必须要考虑的，制定的设计原则应尽量保证他们的利益权益不受到破坏，又使他们成为旅游业的受益者，使他们既保持传统，又融入新的经济模式，物质和精神生活都得到提高。这样，不同人群需求满足的长期统一就构成了经济发展的良性循环。

在智慧景区景观规划设计中，应针对不同类型旅游者采用不同的参与性项目设计，对热情开放的年轻旅游者可设立刺激、新奇的旅游设施和项目；

如对于年龄稍长、文化程度较高的旅游者可设计相对平和、文化含量较高的参与项目。景观规划设计的参与性原则还应该包括景观规划设计本身需要公众（包括旅游者和当地居民）的参与。此外，通过征求社区居民意见，吸引他们参与旅游景观规划与设计，可以更好地协调旅游景观与整体环境的关系，实现旅游景观生态效益、经济效益和社会效益的有机统一。

3. 主题性原则

从某种意义上来讲，主题形象是景观的生命，一个个性鲜明的主题可以形成较长时间的竞争优势。因而在智慧景区景观规划设计中，主题形象的塑造可以算得上是一个核心性的问题。如果一个旅游项目有属于自己的故事，将会搭起一座通向旅游市场的桥梁，通过这座桥梁，旅游者可以拥有一个较高层次的旅游休闲趣味。而景观设计当然也要围绕与故事有关的主题对旅游情景加以“编织”，将所设计的景区主题以讲故事的形式在旅游者面前进行呈现，这样做实际上是根据情感来对市场做出了定义，如桂林漓江的“九马画山”的故事就被游客们所津津乐道，还有长江三峡中的巫山神女峰也是以其优美的主题故事而闻名遐迩。在经营项目的过程中，旅游产品基于原有资源的部分已经成为一个附属，在文化为主的景区主要是体现故事的内涵。所以在旅游资源同质化程度比较高的情况下，如何突出旅游的特色是旅游开发的根本问题之一。

智慧景区景观设计的主题性原则在于在对旅游景观进行设计时，突出创意鲜明而独特的开发主题的策划。这项策划要根据资源的结构特征来进行，使其与其他旅游区景观资源的结构特色相区别，在使自身形象突出的同时实现与其他旅游景观的“优势互补”，以构建合理的开发结构。该原则是建立在对旅游景观分布组合特点、旅游资源开发价值和潜力、区位条件及开发现状条件等分析评价基础之上的，在其指导下可以确定旅游区的重点开发项目，遵循开发建设的时序性进行分期滚动实施。

（二）可操作性方向的原则

1. 功能性原则

智慧景区景观设计不仅要注重美学等原则，同时还要注意实现其功能性。旅游设计的核心问题之一就是要求设计的景观和设施要服从实用功能。要能够解决实际问题，旅游景观设计也必须关注功能问题。无论是大尺度的旅游地空间设计，还是小尺度的景观节点设计，都同样需要在满足旅游设计的美学特征和艺术特征的同时，兼顾到实用功能。

智慧景区景观和建筑节点等设施必须能够直接用于为旅游者提供便利、实用、安全等服务，景观的功能性是旅游设计外在的、被旅游者感知的第一要素，也是最基本的功能，如旅游地的垃圾桶设计，除了要满足外形漂亮、色彩与周边景观协调等条件外，要满足使用的功能，使用是否方便、能否满足旅游地回收垃圾的功能才是重点。所以，只有旅游设计的景观和设施与功能合理结合，才是最有理性和价值的设计。

2. 弹性原则

（1）规划建设时序与力度。智慧景区景观建设是一个不可能一蹴而就的大尺度的区域系统建设。因此，对旅游景观的规划设计应考虑开发建设的时序，按照不同的时间阶段以线带点循序渐进。结合旅游景观的发展模式和空间形态特点，其开发建设时序可采取“以线带点，以点带面，点线联结，网络辐射”的发展理念。以点带面的主要发展轴（道路交通主轴）为起始点，带动沿线周边的各类景观节点。然后，通过节点建设逐步扩大影响并带动区块的发展。以这种点线相连、逐步扩散的建设发展模式，最后促使旅游网络结构的整体构建。旅游景观系统中各个区段和节点的价值大小不同，所承载的活动内容也不同，其开发建设的力度也应不同。因此，规划设计针对不同区段、不同景观节点以及节点内的建设都应有弹性规划设计的意识，采取不同开发建设力度，实现“以强带弱，整体发展”区域发展目标。

（2）柔性开发建设与刚性管束性控制。旅游走廊区域因范围广阔，涉及因素众多，所以对其进行景观规划控制和形态设计不能盲目采取“一刀切”的模式，应借鉴城市设计中的相关方法理论，在规划设计方式上，采用柔性开发建设和刚性管束控制相结合。柔性开发建设是指，对于具体节点形态设计实行柔性设计引导，提倡富有变化的创新性。刚性管束性控制是从宏观方向上对影响旅游开发建设的各要素进行控制，对诸如节点风貌、整体景观形象、道路、自然及人文资源、产业等给予统一严格控制。这样能有效地限定旅游开发建设，保护区域内旅游资源，而且对丰富旅游走廊景观空间的环境具有重要作用。

3. 尺度适宜性原则

在进行智慧景区景观设计时，尤其是进行区域旅游景观生态设计时，要对设计的总体理念和尺度有一个很好的把握，因为在生态系统内部，各个组成要素是相互作用的，物质和能量在不停地进行着交换，可以说有时一个景观就是一个小的生态系统，而在整个大的旅游景区，这样的景观生态系统会以类似的方式重复出现，并组成一个整体。由此出发，旅游景观设计应考虑把景观看作是一个整体单位来设计，达到整体最优。

旅游设计应做到具体问题具体分析，运用科学的理念有针对性的区别对待，对不同的尺度空间和场所，旅游设计也要随之变化，中小尺度的旅游地设计则需要在景观设计和节点、设施设计方面做更多的工作；而大尺度的旅游设计需要在设计的总体空间和景点布局方面做更多的工作，应整合宏观概念规划、中观控制引导、微观形态设计三个层面的设计优势，建立结构鲜明、层次清晰的总体构架，以促进规划设计循序渐进，并实现从抽象概念到具体形态的设计过程。旅游景观规划设计涉及多个学科领域，它不仅要有规划学的宏观全局性，还要有景观设计及建筑设计的具体针对性，对不同类型的旅游地，旅游设计更需要灵活应对，如以自然景观为主的旅游地设计和以人文景观为主的旅游地设计应该区别对待，不可一味照搬。

（三）可持续性方向的原则

1. 社会可持续

经济的发展以及人们生活水平的提高，对旅游业的发展起到了巨大的促进作用，而旅游业的发展也成为经济发展的重要组成部分，很多旅游地区单纯为了发展经济而大力发展旅游业，在规划开发过程中因缺乏必要的环保意识而使旅游活动的范围和程度超过了自然环境可承受的极限，使旅游地生态环境遭到严重破坏，旅游业的可持续发展受到威胁。现在，过去被低估的环境因素重新得到国家和社会的重视，人们对旅游景观的认识也逐渐发生变化，不再仅仅把它当作视觉关照对象，而从生态结构的层面上来认识人与环境的关系，认为旅游景观的美并不仅仅是形式美，更是表现生态系统精美结构与功能的有生命力的美，是建立在环境秩序与生态系统的良性运转轨迹之上，应该实现生态与文化的交流。

现代智慧景区景观规划设计产生于人类社会从征服自然阶段走向与自然和谐共处阶段的大背景中，以为人类接近自然、了解自然、认识自然提供舒适、健康的场所，最终达到人与自然的协调为根本目标。旅游业中产生的环境问题以及生态思想的发展使得“人与自然相协调”的观念深入人心，这些也激发了我们在生态学的基础上对身边熟悉又陌生的生态环境进行重新认识，可以使我们在旅游景观规划设计中充分考虑其运行规律，使我们规划设计的对象与环境充分融合，协调发展。

2. 生态可持续

任何事物的发展都具有两面性，旅游业的发展一方面使得人们的旅游生活日益丰富多彩，而另一方面则伴随着生态破坏问题。智慧景区景观的形成离不开丰富优美的原生态自然景观和经过历史积淀的人文景观，而这些旅游资源多数都是不可再生的。在过去的旅游资源开发中所出现的水体污染、山体裸露、文化遗迹的破坏等问题都显示出我们没有处理好保护和发展的问题。盲目对旅游资源的开发使得环境没有得到很好的保护，在后续的发展中难度更大，生态循环系统的破坏使得可持续发展更加困难，所以我们应该认识到任何旅游景观规划设计都要在自然生态的基础上进行，并遵循可持续发展的原则，保持生态系统的完整性，为游客创造绿色、健康、环保、生态、和谐的环境。

要实现智慧景区景观的可持续发展，就要立足于景观资源的持续利用和生态环境的持续改善，并保证社会经济与环境的可持续发展。在智慧景区景观设计施工过程中所采取的方式，必须是保证景观生态系统在旅游区整个景观系统具有可持续性，不能对旅游景观和景观内各类生态系统造成不可修复的损坏，要维持其再生性、健康性和稳定性。在景观规划设计中遵循可持续性原则具体来讲应该做到以下三点：

（1）景观配套设施应尽量采用环保材料，设计合理的防污系统，避免生态环境的恶化。

（2）设计合理的旅游容量，构建多样化的功能单元，引导旅游者在景观生态承载力范围内开展活动。

（3）选择合理的资源利用方式，确定合理的景观格局，在人类活动斑块之间设立绿色长廊或生态走廊，维持物种多样性，保护生态环境。

3. 经济可持续

人类的社会活动离不开经济，从经济角度上来讲，旅游业也是经济大循环中不容忽视的一节，所以旅游景观的设计也要注重经济效益。良好的经济效益是旅游发展的前提。

智慧景区景观规划设计要遵循经济可持续性原则，使设计符合实际，采用一些经济的材料和结构，其建设费用不能成为旅游发展的负担，通过景观的建设促进旅游的正常发展，实现可观的经济效益。

同时，要把旅游发展促进地方经济的发展作为旅游规划的主要目的，充分考虑市场需求和竞争力，以满足市场需求或挖掘、引导市场的潜在需求为出发点，开发设计适销对路、富有吸引力与竞争优势的旅游产品，实现旅游开发的经济促进目标。

4. 社会、生态、经济三者兼顾最优

在智慧景区开发过程中，该景区的生态系统势必会受到影响，而良好的生态环境是旅游景观赖以生存和发展的基础，所以人们在景区开发时应该把开发量控制在该区生态系统保持自行和正常循环的稳定水平上，在保护和培育生态稳定性的前提下进行适度的开发。注重经济效益、社会效益、环境效益的有机统一，防止因规划设计不当而造成开发后的高密度、高噪声、高污染以及对资源和环境的破坏。在旅游景区发展过程中，生态环境必然受到冲击，所以在开发设计时要充分考虑环境的可持续发展，不断满足旅游景观可持续发展的环境条件。

在智慧景区景观设计过程中，要了解景观组成要素之间的能量和物质流的相互关系，在材料的选择上应该考虑景观的综合生态效益和经济效益，尽量减小改变景观可能带来的副作用，注意生态平衡，结合自然协调人地关系，体现生态美及艺术和环境的融合美，确保整体旅游景区生态系统的和谐与稳定。

因此，在智慧景区规划设计中必须遵循经济、社会、生态三者兼顾的原则，以维持生态多样性和保护生态环境为前提，既充分考虑旅游活动与景观、整体环境的相互作用和影响，又要合理布局景观要素，规划旅游活动空间，安排旅游线路，设计旅游方式，最终谋求旅游与自然、文化和人类生存环境的协调发展。

（四）其他原则

1. 异质性原则

一般物体都是由不同的组成部分组成的，绝对同质的物体是不存在的，而旅游景观也是一个具有高度空间异质性的区域，因此景观结构的中心问题就在于它的异质性状况。具体来讲，一个地区的土壤、植被、地貌、水文、气候以及历史、经济、文化等景观要素在景观中的不均匀分布，导致一定区域内的景观在类型、结构和功能上具备不同特色，景观设计的异质性是增强景观吸引力、维护景观多样性、招徕旅游者的关键因素。

旅游业在经济的发展中日趋成熟，而旅游者也渐渐摆脱了以前那种“有景便游”的盲目出游，拥有越来越理性化的出游动机。因此，在旅游景观规划设计中，应根据景观的异质性优化景观结构、完善景观功能，使景观内部各要素的组合各具特色，通过不同主题展示不同风格，做到“人无我有、人有我特”，避免将旅游景观开发成其他知名旅游景观的复制品，要为旅游者提供不同味道的“景观大餐”。

此外，智慧景区规划设计的异质性不仅要求在横向对比中突出不同区域的景观特色，还要求在纵向对比中不断实现景观自身的创新。

2. 多样性原则

旅游景观规划设计的多样性原则，一方面包括园区品种组合、区内微小区域的布局和景观资源配置要突出丰富性、多样性的特点；另一方面就是要求在旅游产品开发、线路设计、游览方式、时间选择、消费水平等方面必须有多种方案，为游客提供多种选择。

旅游区景观设计保持生态系统的多样性，具有以下三个方面的意义：

（1）只有多种生态系统的共存，并与异质的立地条件相适应，才能使景观的美学效果达到最高水平。

（2）只有多种生态系统的共存，才能保证旅游区物种多样性和遗传的多样性。

（3）只有多种生态系统共存，才能保障景观功能的正常发挥，并使景观的稳定性达到一定水平。

智慧景区景观的多样性反映了景观的复杂程度，多样性主要指景观单元在结构和功能方面的多样性，具体来讲，主要研究组成景观的数量、大小、形状和景观的类型、分布及斑块间的连接性、连通性等结构和功能上的多样性。一个具有很强的旅游吸引力和很高美学质量的异质性旅游景观格局，一定是多种多样的旅游景观并存的。毫无疑问，景观的多样性还是满足不同旅游者的审美情趣和消费需求的重要手段。

从景观开发与保护角度来看，多种多样的旅游景观类型并存能够保证区域生物多样性和生态系统平衡，多样性的存在对确保景观生态系统的稳定、缓冲旅游活动对环境的干扰等方面有极其重要的作用；多种多样的旅游景观格局能够为旅游者提供多样化的旅游活动空间，能够缓解旅游者的大量涌入对环境造成的压力。

维护智慧景区景观多样性，要根据景观的不同结构与功能对各类旅游景观进行功能分区，分地段规划和设计景观，实现旅游活动空间的合理布局和生态效益的有机统一。还要求通过人工干预，保护生物多样性、维持生态稳定性、重塑地带性自然景观和生态环境，维护景观多样性。

3. 独创性原则

旅游景观之所以吸引人，就因其有独一无二的环境特色。如今国内外知名的旅游景观比比皆是，国内许多旅游胜地都迅速发展起来，在旅游景观规划设计时如何避免旅游经营的同质化、大众化，以及旅游景区怎么走差异化发展的路，决定着旅游景观的未来发展。所以，要遵循旅游景观设计的独特性原则，通过旅游设计的深入发掘，创造出自己的旅游特色，突出旅游景区的独特性。

特色是生活的反映，特色有地域的分别，特色是历史的构成，特色是文化的积淀，特色是民族的凝结，特色是一定时间地点条件下典型事物的最集中最典型的表现，因此它能引起人们不同的感受，心灵上的共鸣，情感上的陶醉。所以，特色即个性，是一个旅游地的生命力所在，是一个旅游地的灵魂，也是一个地区区别于其他地区的本质特性，它会让每一个走进旅游名胜区的游客很快记住这个地方，比如浪漫之都巴黎、奥运圣地希腊、美丽的水城威尼斯、现代都市纽约，以及被誉为人间天堂的苏杭、记载着中国兴衰荣辱的北京、代表着中国经济腾飞的上海和深圳等，这些正是旅游地区的特色所在。

因此，在智慧景区景观设计时要遵循地方性原则，尊重传统文化和乡土知识，吸收地方经验就地取材，突出当地景观特色，对原有自然景观进行延续，对人文景观加以描述和诠释。同时，将环境设计的审查同建筑设计、城市设计的审查结合起来，综合指导景观建设，设计出人工与自然完美结合的极具个性特色的生态文化景观。

（1）艺术原则。美，从古至今都是人类不懈的追求。而旅游景观设计可以说是一种空间的艺术，我们对景观的规划与布置不是简单的堆砌，应该要遵循审美原则，创造出有视觉效果的形式美。为了使旅游景观意境更好地为景观情景规划内容服务，寻求合乎情理的艺术性设计显得非常重要。设计的本质是创造，而创造恰恰是人类有别于其他物种的重要特征。在旅游景观的意境营造中，将旅游景观设计提高到艺术性设计高度，可以大大地提升景观的审美价值。

无论是自然景观还是人文景观，作为一种审美对象呈现在旅游者面前时，楼阁悬空，秀丽幽深如林间古庙，小桥流水，曲径通幽，畅旷深远如平畴万里，水天一色具有多姿多彩的形态美；或溪流潺潺，空谷回音，梵语仙乐，人声天籁，具有扣人心弦的声乐美；或姹紫嫣红如繁花碧树，绚丽斑斓如鸟兽鱼虫，亮丽光洁如冰雪雾凇，蓝天白云，具有赏心悦目的色彩美；或缥渺如浮云，奔腾如江河，倾泻如飞瀑，具有撩人心思的动态美。旅游景观所具有的这些审美特征，是其成名的重要因素。因此，旅游开发者、经营者都必须对旅游景观艺术美给予足够的重视，使景观规划设计合乎人们的审美情趣和形式美的规律，具有艺术性。而一般艺术品是一种动态形象，随着人们在空间内部活动变化与视线变化而不同，并有了强烈的时间性。

而中国人有着不同的审美观，对美的认识除了对来自形式所产生的美有直接感知外，更注重感官之外的深层内涵，强调臆想美、意象美、韵味美，喜欢索而得之，讲究含蓄、朦胧、神秘，这些审美观可以运用到旅游景观与环境艺术设计和创作中，为游客提供高质量的精神生活空间。

（1）创新原则。设计创作是设计师表达自我的一个过程。在设计过程中，设计师必然会依据自己的审美偏好进行创作。然而景观是为大众创造的产品，其最终目的是为了让大众参与其中，所以景观设计应该符合大众的审美倾向。当设计师的审美倾向与大众的审美倾向出现巨大的差异性时，其作品对大众而言是陌生的，在旅游过程中，游人与景观作品就无法进行有效的“交流”。

不同的景观类型，创新的侧重点不同，如以风景名胜为主要特色的旅游景观，其创新点应落实在服务和文化内涵的深度挖掘上；纯娱乐性的主体公园景观，则以“新奇、刺激、富于动感、巨大的视觉冲击力”为制胜的关键。各个地区由于其地理位置不同而引起环境的不同，在自然景观要素，如山川、河流、植物、动物、石头等方面，存在着或多或少的差异性。这种差异性是显而易见的，很容易为旅游开发和规划者所掌握。由于这种自然景观方面的差异，人类在长期的适应环境、改造环境和利用环境的过程中，不同的人群对环境的感知不同，形成了不同的生活模式、思维模式和人生观以及世界观。

4. 整体性原则

整体性观念是系统论的核心思想，只有从整体出发对整体与环境、个体之间的作用和联系进行梳理，才能做到对问题的全面分析和处理。整体性原则要求人们在认识和处理问题时，由整体到部分、由全局到局部、由以往到当前、由全过程到某一阶段的全面分析处理问题。

整体性原则在景观设计上是景观生态系统本质的属性要求，因为景区内生态环境具有多变性和复杂性，而开发利用上具有多目标、多层次性，这在客观上要求景观设计从全局、综合、系统的观点出发，把构成景观整体的所有元素都作为设计变量和目标，要以环境的承载能力为衡量标准，并从“整体”上来思考与管理。

与此同时，还要保护生物多样性，增加景观异质性，促进自然循环，将人类需求同景观的自然特性与过程相联系，关注宏观尺度上的资源配置，强调宏观的综合整体效益，谋求经济、社会、环境三者效益协调统一发展。

（1）结构整体规划设计原则。旅游景观空间结构的研究主要集中在旅游景观空间内部要素和自身形态上，包括点、线、面（或称“点、轴、圈”）三项要素。在对旅游空间结构的理解上要注意，旅游空间结构不应只是节点、通道和水域面等地理空间要素的简单嫁接，也不应只是旅游系统中各个要素之间的空间组织关系，而要紧密结合旅游市场、依托旅游资源，同时，以旅游产品的开发和组织为中心来对空间结构进行划分。

智慧景区景观设计，是改善旅游景区的空间环境，进而创造出高质量的旅游空间环境的有效途径之一，是景观美学在具体的时空里的体现，因为旅游景观设计就是旅游景区空间中的由地形、地貌或者构筑物、小品、植物、水、石、绿化等一起组合成的各种物理形态的综合表现，是人通过眼、耳、鼻、四肢直观感知以及经大脑思维后所获得的感知空间。旅游景观设计是按照景区所处地理位置及发展潜力、上一层次规划所确定的功能与规模定位，与和谐优美的自然环境相结合，合理分配景区空间，创造和配置相应的设施和空间，并使其成为景区的有机组成部分。充分利用自然资源和人文资源、有形资源和无形资源，整合好已形成的文化、民族和服务设施，发挥好作用，主要有以下两方面的原因。

首先，以往的景观设计以“经济、实用、美观”为范式进行设计指导，属于对设计结果的一个构想，属于大系统原则，如果处理不当，往往容易空泛化，并且难以从设计主体的角度对复杂的景观系统进行有效的设计方面的控制，所以需要结合整体性原则来进行有效的设计控制。

其次，面对复杂的景观系统，我们在现代景观设计研究中，需要以系统思想来主导，突出重点，把握主要研究结构，协调好景观设计系统中各子系统之间的关系，以强化现代景观设计的整体观，突出景观设计的个性。

（2）空间整体规划设计原则。旅游景区规划设计注重空间整体规划设计，有以下三方面的原因：

首先，从目前旅游的现状来看，各自独立的旅游区域往往会呈现杂乱的景象，每个旅游景区或景点自成一体，相互缺乏联系。景观规划设计应该运用多学科的知识，把景观作为一个整体单位来思考和整治，以达到整体最佳状态，实现优化利用。旅游景观是经过不同的发展模式逐步形成的，在其发展的过程中，规划设计者要抓住其演变模式及发展的趋向，将它纳入一个完整的系统中作为一个整体对待，使智慧景区景观规划设计从全局出发，保证旅游景观规划设计遵循全面性和系统性的原则。

其次，从景观生态角度来看，景观是由一系列生态系统组成的具有一定结构和功能的整体复杂系统，一个健康的景观系统是自然与文化生态系统的复杂载体，如山川河流、文物古迹、文化艺术等具有功能上的整体性和连续性，只有从系统的整体性出发研究景观的结构、功能和变化，才能正确指导景观规划设计。从景观生态学角度看，景观规划应始终把景观作为一个整体单位来考虑，从景观整体上协调人与环境、社会经济发展与资源环境、生物与生物、生物与非生物及生态系统之间的关系。

再次，从旅游要素的关系来看，旅游景观作为旅游者的游览对象，只是旅游活动形成的要素之一，只有保持地域景观的整体性，使每个旅游景观成为诸要素有机联系的整体，成片成线，才能更好地进行旅游景观规划设计。因此，旅游景观规划设计应遵循整体性原则，对景观合理布局、有序安排，在最大限度地展现景观美学价值的同时，充分考虑景观与整体环境的协调一致；既要求自然景观与人文景观的有机结合，又要求旅游活动所涉及的餐厅、宾馆、道路交通、停车场等配套设施以及座椅、路灯、指示牌、垃圾箱等环境艺术设计都能与景观、环境融为一体。

二、智慧景区景观规划设计的特性

（一）地域性

在智慧景区景观规划设计中因不同地域地理环境的不同，旅游景观规划设计也大不相同，每一具体的规划设计都有着浓郁的地域特征。作为规划设计中显而易见的特性，地域性是在对局部环境的漫长体验中得出的，是在对自然深刻理解的基础上，与自然过程相和谐的创造性设计。遵循这一原理主要表现为：遵从自然过程，尊重地域的精神和地方文化，创造具有自然特性、文化特性的景观，使用当地材料、植物和建材等，突出地方文化与地域特征。

（二）生态性

在人类对自然生态的认识逐步深入的过程中，景观设计的思想和方法在生态学思想兴起并日益被人们所重视的过程中也发生了重大转变，自然生态环境在其漫长的演化过程中逐渐形成了自我调节的系统来维系生态平衡，其中水分循环、植被、土壤、小气候、地形等在这个系统中起着决定性作用，这个系统一旦被破坏，将很难在短时间内修复。因此保护大自然的健康可持续发展是旅游景观规划设计的重要前提，尊重大自然的客观规律已成为旅游景观规划设计的首要指导原则。

具体来讲，在对一个旅游区进行景观设计时，首先要分析其自然形成的过程，如风、水、生物、生态条件、土壤条件，周围的山水格局、山水环境，以及它们跟气候的关系情况、现在的植被情况、地下水等诸多问题；其次，还要对这块场地进行系统的自然背景分析；最后，再做整体设计，分析这块场地的适应性。景观设计必然从整个场地的自然属性开始分析，尊重自然，保护自然，充分利用自然界中的原有资源，充分发挥原有景观的积极因素，因地制宜，利用原有的地形及植被，避免大规模的土方改造工程，尽量减少因施工对原有环境造成的负面影响。

总之，智慧景区景观规划设计必然从规划地域的自然环境开始入手，将自然生态的保护作为长远利益的着眼点，在尊重自然、保护自然的态度下运用景观生态学原理建立生态功能良好的景观格局，促进资源的高效利用与循环再生，减少废物的排放，增强景观的生态服务功能，使旅游环境走向生态化和可持续发展之路。

（三）体验性

旅游业的不断发展，使旅游者逐渐由传统的观光旅游转向了休闲度假旅游，实现着旅游方式的多元化，尤其是休闲度假游的出现，体现出了游客对旅游产品体验性的注重。而旅游景观作为旅游活动中的重要元素，具备一定的吸引力是其产生社会与经济效益的前提，因为只有游客对旅游景观有兴趣并产生游览的冲动，才能够实现该地区旅游产品的生产与销售。而在这一前提下，任何旅游景观都必须具备体验性特征。

体验性特征是指游客在进行旅游活动的时候可以参与其中，成为旅游景观的一部分，这也是旅游景观与建筑等其他艺术形式相区别之处。比如在参观一些极具民族风情的人文旅游景观时，游客总是乐于参加其中各种类型的游乐活动，此时，他们就真正融入当地的人文景观之中，而不像对建筑物那样只是单纯地从外部进行欣赏；他们的这种参与在其他游客眼里又构成了一种景观，对其他游客形成新的吸引。

一些旅游景区旅游景观设计的“景观游乐化”也是体验型旅游经济的典型模式，这种景观设计是指将游乐化的趣味融入风景区中的功能型消费建筑景观之中，使得功能型建筑具备更强的吸引力。

（四）进化性

智慧景区景观规划设计是旅游规划与景观设计发展到一定阶段的产物。在规划方法和设计手法上较前两者具有明显的进化特征。进化带来创新，旅游景观规划设计在强调旅游景观结构层次的同时也注重其外形美感的变异，始终将其作为一个单元组合进行整体考量，这与旅游规划中强调功能布局，景观设计强调微观塑造有很大的不同。同时，旅游景观规划设计尊重客观规律、尊重自然生态的核心理念也是规划进步的具体表现。随着旅游景观规划设计进一步的深入发展，将越来越凸显其进化性的特点。

（五）安适性

智慧景区景观规划设计安适性是旅游者选择和认知旅游环境的重要因素，可以将其理解为安全和舒适。营造安全、舒适的环境是旅游景观规划设计的要求所在。保障安全是旅游景观规划设计的重中之重，没有安全的保证，其他一切也都无从谈起。旅游景观规划设计的安全性体现在两个方面：一是在旅游景观建设中材料的安全选取；二是设施在设计上必须符合安全规范。

同时，舒适感是旅游者选择和认知旅游环境的重要因素，旅游景观规划设计要根据旅游目标区域的主题和资源条件，在确立立意和构思之后，分析相关旅游者人体体征的数据，如年龄、性别、身高等，以这些基础数据作为具体旅游景观设计中的重要参考依据，最终为游客提供舒适的旅游环境，并满足游客体验的需求。

人体结构尺寸是人体工程学研究的最基本的数据之一。为旅游者提供舒适的旅游环境，就要充分了解人体工程学原理。人体工程学，也称人类工程学、人体工学或工效学，是根据人体解剖学、生理学等方面的特性，了解并掌握人的活动能力及其极限，是使旅游景观环境与人体功能相适应的学科。旅游景观设计中的尺度、造型、色彩及其布局形式都必须符合人体生理、心理尺度及人体各部分的活动规律，以达到安全、实用、方便、舒适、美观的目的。

人体行动范围的大小，即动作域，它是确定景观空间尺度的重要依据之一。以各种方法测定的人体动作域，也是人体工程学研究的基础数据。如果说人体尺度是静态的、相对固定的数据，人体动作域的尺度则为动态的、变动的数据，其动态尺度与活动情景状态有关。在旅游景观设计中，应根据旅游者不同年龄、种族、身高等的需求，结合该人群的具体特点进行设计。

人的生活行为可分解成各种姿势模型，根据人的立位、坐位和卧位的基准点来规范景观设计中各种造型的基本尺度及造型间的相互关系。符合人体工程学原理的良好的景观设计可以减轻人的疲劳，使人身体健康、心情愉悦。

在旅游景观设计中，人体结构尺寸主要包括人体基本尺寸、人体立姿尺寸、人体坐姿尺寸三部分，基本要素包括：身高、体重、上臂长、前臂长、大腿长、小腿长、胸宽、胸厚、肩宽、最大肩宽、臀宽、坐姿臀宽、坐姿两肘间宽、胸围、腰围、臀围等。

（六）畅通性

畅通性保证了旅游景区基本功能的实现，其表现在自身各种功能使用的效率和效果上，是旅游景观规划设计最基本要求之一。

在旅游者需求多样化的今天，旅游景区的通达程度成为旅游者进行景区选择的主要指标之一，从源地到达旅游景观目的地的相对或绝对难易程度决定了旅游景区或旅游景观本身发展的潜力和未来的生命力。我们可以用旅游景观规划设计的畅通性来衡量旅游景观，为游客提供服务的能力和潜力。畅通性是旅游景观规划设计应该包括的最基本特性之一。

第二节　智慧景区景观规划设计的立意和方法

如今，旅游景观规划设计显得十分重要，它具体的内容和方法需要每一个景观设计师娴熟地掌握。

一、智慧景区景观规划设计的立意

（一）规划设计的需求立意

智慧景区景观的规划设计立意应当来自服务对象的需求，旅游景观的服务对象是到一地旅游的旅游者，确定旅游者需求即市场需求，对旅游景观立意非常重要。由此，旅游景观立意直接影响旅游地的景观形态。

例如，一座城市公园与传统园林的景观立意是不同的。城市公园的服务对象就是城市的人民。每个城市的居民都有权利享受公园；然而，传统园林与城市公园相比，存在很大的差异，因为传统园林具有等级特征，它的服务对象是有权势的阶级，传统园林是人们在现实中对天堂的描绘，城市综合公园可以看作当代人构筑的理想天堂。从不同的景观形态就可以看出不同的景观立意。因此，一地旅游景观立意对该地的旅游长远发展发挥着十分重要的作用，与此同时，它也是旅游景观规划设计的第一步。

我们将智慧景区景观规划设计的需求立意分为以下两个部分：

（1）甲方需求与旅游者的景观设计需求的平衡。在一般情况下，甲方与旅游者的景观需求有所不同。如何处理好各个主体的景观需求，即对景观设计与观赏的要求，是景观规划设计师的一大难题。如何将景观设计的需求立意与旅游发展立意找到契合点，是旅游景观规划设计的首要问题。

（2）旅游地景观设计与新元素的利用需求立意。实际上，设计师在旅游景观规划设计的过程中总是会面临很多问题，其中最为重要的一个问题就是如何搭配与取舍旅游地当地的文化要素与新兴文化中的要素。是采取以当地旅游地文化景观要素为设计主线、配以新兴文化要素为辅线，还是以新兴文化，如现代科技、网络流行文化等为主线，以当地旅游景观为辅线等问题，需要景观设计师在实践中，合理地进行规划设计。在旅游景观规划设计中，设计师总是在不破坏当地文化的前提下，充分地挖掘当地的优秀文化，再把当地的文化以现代文化的方式表现出来。由此，这两个要素的结合，往往是景观设计师所采纳的主要方式之一。

（二）规划设计的目标立意

智慧景区景观规划设计中的目标立意指的是针对旅游市场的需求，满足游客对旅游地景观享受，制定适合规划设计范围的旅游景观规划设计的总体目标，在此科学设定的目标下，将旅游地的景观朝着目标合理地进行规划与设计。

目标立意共分为以下三大类：

（1）总体建设目标立意。总体建设目标立意，是指在旅游景观规划设计的原则下，根据不同地域实际情况，设立针对规划地的总体景观建设规划的目标立意，其实，这也就是未来规划区域的景观规划蓝图。目标设立有三个主要特征，分别为：前瞻性、宏观性以及科学性。

（2）景观设计立意。景观设计立意，是在总体景观目标设立后的下一层所进行的具体景观设计的立意，即在总目标的控制下，所进行的景观设计的立意。在三大景观设计思考程式下，从宏观到微观层次，科学合理地规划设计旅游地物质景观与非物质景观，从而满足游客的不同需求。在一般情况下，根据地域情况，科学合理地划分各个景观功能分区，除了要保证具有各个分区具有景观功能之外，还应注重分区的整体性，也就是说，还需注重景观分区内部各种物质流、能量流等流动性物质的生态整体性。

（3）生态保护与利用立意。在旅游景观规划设计中，处理好游客与旅游地景观的可持续的关系，是旅游景观规划设计需考虑并给予解决的问题。毋庸置疑的是，生态理念可以成为游客对物质和非物质景观需求冲突的润滑剂。如何处理好生态利用与保护的关系，是进行该立意的出发点。

解决该问题的一个有效方式就是建立景观生态区。在景观生态区划中，从空间的角度来讲，不同的景观格局反映了景观的空间异质性；从时间的角度来讲，不同景观格局的动态特征反映景观的动态异质性。景观格局从微观来看，不同的景观要素特征除了反映着景观格局的不同，还可以作为区划划分的基础。

综上所述，通过建立智慧景区景观生态区，划分出一级、二级与三级景观保护区，对于不同级别的景观生态保护区，需要采取不同级别的保护与利用措施。

二、智慧景区景观规划的设计手法

智慧景区景观设计的根本目的在于创造一种“环境”世界，让游客尽情地享受其中。旅游景观设计构思不仅要追求一种主题思想，还必须找到一种形态的图式与之重叠起来，从而形成一个有机统一体。

中国构图学手法在中国画的整体演化过程中扮演着十分重要的角色，除此之外，它还在旅游景观形态学领域，给我们提供了一个足够宽阔的景观美学研究。毋庸置疑，缺乏形态美的景观设计，不能经得起时间的考验，也不能满足游客的需求，可以说，它是苍白无力的。由此可知，我们在强调功能对形式的主导作用的同时，也要注重它的相对独立性。因此，有必要探讨一种特殊的，在中国构图学中关于空间结的“形态图式”的构图手法，来指导景观设计师在空间规划与设计方面的方法实践。由此，旅游景观的设计手法的研究，离不开对中国画空间结构的美学原理的深层次挖掘。

（一）点线手法

“定位”指的是依据作者所构想的意境、情境而假设的在主题形象中确定的空间位置。一个景观节点或几个节点的组合，是依据地域实际的景的相互关系。设计师依据内心形象、艺术品位和游客的空间需求、景观享受需求来安排景观节点的设定位置。这种位置的设定与安排，不是单纯地做出形式上的安排，更要注重景观节点在此处的意义与联系性，即情节或情境的需要，因为每一个景观节点，包括重要级的景观节点、次一级的景观节点，都会影响到整个景观规划设计的全局。由此，景观节点的设计，不仅要满足景观构图原理，还要满足游客对景观的需求。

换句话来讲，就是设计师从游客的角度应该在内心视像中考察一下景观设定在一处是否让游客有意、有情、有景，然后通过各种具象效果途径去检验它，看是否达到了设计师想要的意象。实际上，现代景观设计中虚拟的节点布局就是立意“定位”的表现之一。

在现代景观设计中，分疆是以“线”，即景观轴线、路径、边界等为主，一般的构图习惯，总是把这种“分疆”当作形体，即墙、小品、植物、水、构筑物等景观要素的安排，而不是把它们作为疆界线的划分。由此，我们不难分析出,这样会忽略空间的利用。把景观要素作为分疆的线、界来处理空间，能给人强烈的空间感、形式感，达到空间的合理安排，呈现完整的充满生命力的景色，这种旅游景观分疆的战略意义是可以充分利用发挥的。在“定位分疆”中，应考虑到旅游景观节点，景观轴线等点、线、面对旅游功能的影响，要将旅游功能融入这些景观要素中，除此之外，还要使游客能够尽可能地参与其中，从而成为景观的一部分。

综上，旅游景观设计中“定位分疆”具有十分重要的意义，该意义在于为了占领空间，留出空间来做旅游的文章。我们都清楚，如果没有空间，那么就等同于没有活动，没有人的活动就没有旅游。举个简单的例子，就像空气对于人一样，它关系到景观意象的生命所在。

（二）多尺度手法

在传统的建筑设计中，最重要的设计理念非纵横布局莫属。纵横布局手法可从依据“九宫格”来布置定位的建筑布局中找到答案，“九宫格”的形式也是中国工艺美术造型的法度。建筑、器形都是在这个法度上创造出来的，给人的感觉是平正、端庄、稳定、大方而有气势。然而，如今的设计理念发生了很大的转变，不再像古典空间那样四平八稳。旅游景观规划设计对“纵横”进行了重新地诠释。

纵横的限度，在人们的生理上，反映了视觉范围对美感的要求。纵的限度与横的限度不能太过也不能不及，如果限度太过，会使人感到疲劳；如果限度不及，会使人感到不够舒展。由此得知，这种限度与视觉的距离、清晰度、视线活动之间的关系十分紧密。所以，只有有效地处理好纵横的关系，才能突破传统设计中的纵横布局，符合现代人对旅游景观的审美标准，满足现代复杂多变的不同景观性格的要求。

（1）旅游景观的比例尺度。黄金比例是一种比例图式，在旅游景观设计“构图”中，高低、长短、空间的大小也都需要与景观内容相适应的比例尺度，如果该比例尺度与这些因素不能适应，那么所设计出来的景观就不美、不实用、不能表达气势和心理上的审美愉悦，甚至无法满足游客的景观体验要求。从旅游景观设计微观角度来看，不仅在景观小品的骨架设计尺度上要尽可能地满足黄金比例，而且在位置的设置上应布局在黄金分割点上，只有这样才能使景观小品的美感完全体现在游客面前，让游客享受其中。

（2）旅游景观的重心。如果旅游景观的构图方法是平正而对称的，那么这就不会产生重心的问题，反之，则务必要考虑重心问题。旅游景观的重心处理方法共分为两种：第一是虚；第二是实。例如，突破景观设计的对称式轴线结构，重心往往是在虚拟的节点上。空间的均衡，不局限于景物的多少上，也不完全是在空间的疏密上，而可能是在旅游景观的倾势或“景”感情的呼应上。

（3）旅游景观的动态趋向。我们都清楚，大部分旅游景观要素是静态的，而人的旅游体验是动态的，旅游体验包括游客的视觉、心理和行为等。单调、呆板、重复、乏味和轻飘的旅游景观“构图”的突破，需要在纵横格律的骨架上加人空间的“动势”。毋庸置疑的是，空间趋向决定总的空间动势、空间骨干，这其实也是空间动态趋向的主要设计部分。由此，“突破纵横”能表达一种气势，能让游客在潜移默化之中，随着不同旅游景观的动态变化，享受到不同的景观。

（三）千变手法

“迂回曲折”手法主要指的是在旅游景观规划中，要讲求“变”。我们将这种变化手法的表现方式做出了总结，主要为以下三个方面：

第一，线性曲折的变化。这种变化主要体现在景观规划线路、景观轴线等方面。

第二，曲折造型的变化。这种变化主要体现在旅游景观设计素材等方面，比如：曲桥、曲水、曲岸、曲廊等。

第三，情感起伏的变化。这种变化主要体现在景观设计的起景、发展、高潮等方面。

需要我们引起注意的是，在中国画中，古人提出“之”字形构图，造成“峰回路转”“花枝曲折”的视觉转折。“之”字形构图转折处可藏可露，通过曲折的空间变化，不是一览无余，而是随着旅游地环境的变化而变化，为人们带来一种特殊的感觉。在旅游景观规划设计中，运用迂回曲折的构图手法，增加了景观多样性的同时，也在很大程度上增强了游客的体验性。由此可知，游客在游览的过程中，能够体验到景观变化的趣味性。

（四）多样手法

构景分合，“分”是指“分组”，“合”是指“集中”，景的布局松散，主要是分合不力。因此在旅游景观设计构景时，注重“有分有合、分合搭配”的构景手法，分是为了合，而合也是为了分。“分”是力量的组合，不分组，就难于集中，特别是比较复杂的空间布局，分组布局是最凝练的方法。既要对空间进行严密的分组，又要集中到主要的焦点空间上，有力地表达旅游景观设计主题。

（五）虚实手法

在景观设计中，从面的组织来说，就是要透，即透气、透亮、透空。反之则是闭塞、板结、闷气。这种“留白”空间是生活中不可缺少的，如房屋中的天井、庭院、花园、凉台、漏窗、水池、草地等，它都是给人提供活动的空间，也包括了视觉空间。有了这些空间，心情就会变得十分舒展。

“留白”是中国画的精髓所在，如果一幅画的几处空白处理得足够巧妙，那么它所展现的情景就会活跃起来。在景观布局中的“虚灵”就是有着丰富内容的空间，它是构成意境的重要因素。这种“虚则实之，实则虚之”的构图原理就是“活眼虚灵”在景观设计中的表现。

空间的使用价值，使审美观发生了很大的变化，随着空间而引起人们重视的就是量块，量块所占领的空间和量块之间的空间，是两种不同的空间概念，在使用中把它们统一起来就成了空间组合。其原理就是赋予空间力量、生命、意境，是根据美的法则进行组合的，可以说，这是景观设计布局中的灵魂。

在景观设计中，先确定空间，把景物安排在各个空间的某一部位上，然后用地形、构筑物、植物、水、小品等肯定它们的虚实关系，从而扩大了空间内在的含蓄的意蕴，做到“活眼虚灵”。

（六）创意手法

构图不仅需要根据情景改变物象的形态，有时还需要大胆地采用变异的手法，表达气势神情。在一个景观空间布局与规划结构上，就会有相应的形态与内容。由此，如果景观布局发生了改变，那么设计形态也会随之改变；如果结构发生了改变，那么游客景观体验的内容也会随之改变。

在旅游景观设计中，“景观变异”是比较常见的现象，同一块场地就会产生不同的方案，同一个地域空间，会有多种不同的变异方式。位置没有变，空间形态如果变了，景观造型也要随之改变。

可以说，旅游景观的变异性是旅游发展的主要思路之一。只有在实践中设计出奇异的景观风景，才能吸引市场的眼球，进而才会在很大程度上激发出游客的好奇心，来旅游地进行旅游活动。

第三节　智慧景区景观规划设计程序

一、调研与踏勘

（一）调研基本条件

基本条件是指设计师在进行设计前必须了解的一系列与建设项目有关的

先决条件，一般包括以下七项内容：

第一，建设方对设计项目的意见、设计标准及投资额度。

第二，与城市绿地总体规划（总体规划图）的关系，总体绿地规划对拟建项目的特殊要求。

第三，与周围市政的交通联系，车流、人流集散方向，以便确定场地出入口。

第四，基地周边环境的特点，未来发展情况，有无名胜古迹、古树名木，自然资源及人文资源状况等，还有相关的周围城市景观，包括建筑形式、体量、色彩等。另外就是旅游地周围居民的类型与社会结构。

第五，该地段的能源情况、排污、排水设施条件，周围是否有污染源，如有毒有害的厂矿企业等。如有污染源，必须在设计中采取防护隔离措施。

第六，当地植物植被状况。了解和掌握区域内原有的植物种类、生态、群落组成，还有树木的年资、观赏特点等。应特别注意一些乡土树种，对乡土树种进行巧妙设计往往可以带来良好效果。

第七，数据性技术资料，包括用地的水文、地质、地形、气象等方面的资料。了解地下水位，年降水量与月降水量，年最高最低温度的分布时间，年最高最低湿度及其分布时间，年季风风向、最大风力、风速以及冰冻线深度等。如有需要，还应由专业技术单位对基地全部或局部进行地质勘查。

（二）准备基础资料

基础资料就是智慧景区景观设计有直接关系的资料，以文字、技术图纸为主。在项目开始建设前对基础资料的了解是必需的。建设项目无论大小，首先应了解其地形地貌，以及熟悉原有地上地下设施和邻近环境等状况，然后才可以进行下一步工作。

（1）基地地形图。根据面积大小的不同，建设方应提供 1 ：2000、1 ：1000、1 ：500 甚至 1 ：200 的基地范围内的总平面地形图。图纸应明确显示设计范围（红线范围、坐标数字）等内容。如果基地面积比较大，或基地现状特别复杂，或对设计的精细程度有较高要求，则还需要局部放大图，主要供局部详细设计使用，图纸比例一般为 1 ：200。此类图纸应明确显示两项内容：第一，要保留使用的主要建筑物的平面、立面图，平面位置注明室内外标高，立面图要标明尺寸、材质、颜色等内容；第二，对设计影响较大的山体、水系、植被、现存环境雕塑品及基地内现状道路的详细布局。

（2）四周环境情况。四周环境情况主要包括与市政交通联系的主要道路名称、宽度、标高点数字以及走向和道路、排水方向、周围机关、单位、居住区的名称、范围以及今后发展状况等。

（3）基地范围内的地形、标高及现状物体的位置。其中现状物体主要包括现有建筑物、构筑物、山体、水系、植物、道路、水井以及水系的进出口位置、电源等。现状物体中，要求保留利用、改造和拆迁等情况要分别注明清楚。

（4）现状植物植被分布图。现状植物植被分布图主要标明现有植物植被基本状况，需要保留树木的位置，并注明品种、生长状况、观赏价值的描述等。有较高观赏价值或特殊保护意义的树木最好附以彩色照片。

（5）地下管线图。地下管线图一般要求与施工图的比例相同。图内应包括上水、下水、环卫设施、电信、电力、暖气沟、煤气、热力等管线位置及井位等。还要有剖面图，并需要注明管径的大小及管底或管顶标高、压力、坡度等。一般应与各配合工种的要求相符合，需与设备专业设计人员沟通。

（三）收集现场素材

无论面积大小，项目难易，设计者都有必要到现场进行认真踏勘。因为，一方面旅游环境包含了很多感性因素，这类信息无法通过别人准确传达，要求对现场环境有直觉性的认知；另一方面每个设计师对现场资料的理解各不相同，看问题的角度也不一样，设计师只有亲赴现场才能获得自己需要的素材。

现场资料的收集是对基础资料的补充，因此，在现场资料的搜集过程中要特别注意那些在基本条件和基础资料中难以体现的方面，比如场所的围合性、边界、视点、视廊、眺望对象、现有景观特征等，重要的是要形成对场地环境的感知。另外还要注意可利用、可借景的旅游吸引物，至于那些影响景观的物体，设计过程中应分别加以适当处理。现场踏勘需要拍摄实地景象，以备设计时参考之用。同时，现场踏勘也可以纠正基本条件及基础资料中可能存在的错误，如现状的建筑、朝向、植物植被生长等情况，以及原有图纸与实地水文、地质、地形等自然条件吻合的程度。有些素材可以直接标注在反映现场状况的平面图上。另外，当设计师亲临现场时，就有了可构思的场景，设计师就可以直接进入构思阶段。

与前两类素材相比，现场素材在数量上往往较少，但涉及范围非常广泛，大多数问题只能就某一具体基地进行讨论。因此，踏勘时应该搜集哪些资料无法在此具体指出，另外，当基地规模较大、情况较复杂时，踏勘工作要进行多次。尽管在素材搜集过程中整理工作一直在进行，我们依然需要一个单独的素材整理阶段。设计者将所收集到的资料，经过分析、研究，便于定出总体设计原则和目标，编制出旅游区景观设计的要求和说明。

1. 现场素材包含的内容

一般而言，现场踏勘搜集的素材包括如下六项基本内容：

（1）核对并补充所收集到的图纸资料。

（2）核实土地所有权、边界线、勘探周边环境。

（3）确认方位、地形、坡度、最高眺望点、眺望方式等。

（4）建筑物的位置、高度、样式、风格。

（5）植物特征，特别是应保留的古树名木。

（6）土壤、地下水位、遮蔽物、气味、噪声、道路、煤气、电力、上水道、排水、地下埋设物、交通量、景观特点、障碍物等。

2. 现场素材测量时的注意事项

如果现场面积较小，最好对现场情况进行测量，并制作一份详细的基本平面图。以下是测量过程中应注意的五点：

（1）根据目的与地形状况决定测量的方法。

（2）能利用的树木，注意勿加折损，可以用记号注记。

（3）设计上参考用的重要树木、岩石、地形、植物范围、水源、电杆等明显目标，应特别标注，作为测量图的对照。

（4）在眺望点或重要设施配置处，应多设测点测量，在险峻峡谷处、低湿地、非重三处则可少设测点。

（5）在堆砌假山及挖掘水池或河流之处，先预想可能变化的地形，且于四周 5 ~ 10 米范围内多设测点。

3. 现场素材测量时的记载资料

基本平面图应详细记载以下十项资料：

（1）基地范围界线特点（包括桩号及距离）。

（2）地形图。

（3）水体、植物植被现状。

（4）房屋和其他建筑物的关系。

（5）地下喷水孔、户外的水龙头，甚至户外的电路、空调机的位置。

（6）户外照明设施。

（7）其他构筑物，如墙、围篱、电力与电话的变压器、电线杆、地下管网、消火栓等。

（8）道路、车道、行人道、小径、台阶等。

（9）基地附近环境，例如与相邻街道的关系、附近的建筑物、电线杆、植栽等。

（10）其他任何会影响发展设计的因素。

因为在程序中每个步骤都需要用到基本平面图，因此基本平面图必须要用简明易读的绘图技巧来制作。

（四）整理资料

设计的基础是资料的选择和分析，对已有的素材进行甄别和总结是非常必要的，通常在一个设计开始以前，设计者搜集到的素材是丰富多样的，甚至有些素材包含互相矛盾的方面。设计师在设计的时候不一定要把全部资料都用上，而是从中挑选突出的、重要的和效果好的来运用。因此，这些素材中哪些是必需的、哪些是可以合并的、哪些是欠精确的、哪些是可以忽略的，都需要预先做出判断。然后把收集到的上述资料制作成图表，在一定方针指导下进行分析、判断，选择有价值的内容，并根据地形、环境条件，加上建设方的意向，进行比较，并综合研判勾勒出设计的大体结构，为日后的设计提供参考。

二、制订计划任务书

计划任务书是进行某一特定旅游区景观设计的指导性文件。当完成资料整理工作后，即可编写设计应达成的目标和设计时应遵循的基本原则，景观设计时应严格执行计划任务书中的目标和原则来进行设计。计划任务书一般包括以下八个方面的内容：

（1）明确设计用地范围、性质和设计的依据及原则。

（2）明确该旅游区在城市用地系统中的地位和作用，以及地段特征、周围环境、面积大小和游客容量。

（3）拟定功能分区、游憩活动项目及设施配置要求。

（4）确定建筑物的规模、面积、高度、建筑结构和材料的要求。

（5）拟定布局的艺术形式、风格特点和卫生要求。

（6）做出近期、远期投资以及单位面积造价的定额。

（7）制定地形地貌图表及基础工程设施方案。

（8）制定分期实施的计划。

三、设计总体规划

设计任务书经主管部门审核批准后，就可以根据设计任务书的要求进行总体设计。总体设计包括立意、概念构思、布局组合、草案设计和总体设计五个阶段。

1. 立意阶段

立意阶段主要是确立设计的总意图，明确想要表达的基本设计理念，在设计的过程中，每个设计师都有自己的思维习惯，都有表达自己创意的权利，但决定一个设计是否合理的主要标准还是立意，立意可大可小，大到对一个学科的看法，小到对某个设计手法的具体阐释。表达立意的方法很多，可以是抽象的图式，也可以文字与图形结合。

2. 概念构思阶段

概念构思是针对某个预设的目标，概念性地分析要采取什么方法，达到某种目标的过程。概念构思的要旨在于对所面临的问题，找出解决问题的途径。概念构思实质上是立意的具体化，它直接导致针对特定项目设计原则的产生。

从旅游景观设计的角度来说，概念构思应围绕游客的“食、住、行、游、购、娱”六方面的需求，从增强景观的吸引力的角度，提供一条如何增强景观吸引力的具体途径。

3. 布局组合阶段

布局组合阶段是在立意、构思的基础上，将游赏对象组织成景物、景点、景群、景线、景区等不同类型结构单元的思维过程。该阶段的目标是围绕选取游憩项目、提炼活动主题，酝酿、确定旅游主景、配景以及场地功能分区，组织旅游景点的动线分布等内容，全面考虑游赏对象的内容与规模、性能与作用、构景与游赏需求等因素，探索所采用的结构形式与内容协调的过程。

通常情况下，布局组合阶段主要考虑的内容有：旅游区的构成内容、景观特征、范围、容量；功能区域的划分，也就是主景、景观多样化的结构布局；出入口位置的确定；游线和交通组织的要点，包括园路系统布局、路网密度等；河湖水系及地形的利用和改造；植物组群类型及分布；游憩设施和建筑物、广场和管理设施及厕所的配置与位置；水、电、燃气等线路布置等。

从立意到布局的过程，就是在旅游活动内容与场地结构形式之间寻求一种内在逻辑关系。因此，布局组合应该根据旅游活动内容，把游赏对象组织成景物、景点、景群、景线、景区等不同类型的场地结构单元，并应遵循三个原则：第一，依据游赏内容与规模、景观特征分区、构景与赏景需求等因素进行场地形式组织；第二，使游赏对象在一定的场地结构单元和结构整体中发挥良好作用；第三，应该为各景物间和场地结构单元间相互联系创造有利条件。

4. 草案规划设计阶段

草案设计阶段是布局组合通向总体设计的一个综合设计过程，是将所有设计元素抽象地加以落实的思考过程。经过立意和概念构思阶段的酝酿，此时所有的设计元素均已被推敲过，草案设计根据先前各种图解及布局组合研究所建立的框架，将所有的元素正确地表现在它们应该出现的位置上，并通过草案设计这一过程再进行综合研究。以下九点是推敲设计对象过程中的规定性要求：

（1）功能区域划分应根据旅游区的性质和环境现状条件，确定各分区的规模及景观特色。

（2）出入口的位置应根据城市规划和旅游区内部布局要求，确定主、次和专用出入口的位置；另外，还需要设置出入口内外集散广场、停车场等，有自行车存车处要求的，应提前确定其规模。

（3）道路系统在确定道路的路线、分类分级和景桥、铺装场地等的位置时应根据旅游区的规模、各分区的游憩活动内容、游人容量和管理需要进行设置。

（4）主要道路应具有引导游览的作用，易于识别方向。游人大量集中地区的道路畅通性要好，便于游人集散；通行养护管理的道路宽度应与机械工具、车辆相适应；通向建筑物集中地区的道路应有环行路或回车场地；生产管理专用路不宜与主要游览路线交叉。

（5）如果是城市公园，园路的路网密度，宜在 200 ～ 380 米/公顷之间。

（6）植物组群类型及分布应根据当地的气候状况、场外的景观特征、场内的植栽条件，结合景观构想、防护功能要求和当地居民生活习惯来确定，应做到充分绿化和满足多种游憩及审美的要求。

（7）河湖水系设计应根据水源和当前地形等条件，确定河湖水系的水量、水位、流向，水闸或水井、泵房的位置以及各类水体的形状和使用要求；游船水面应按船的类型提出水深要求和码头位置；游泳水域应划定不同水深的范围；观赏水域应确定各种水生植物的种植范围和不同的水深要求。

（8）建筑布局应根据功能和景观要求及市政设施条件等，确定各类建筑物的位置、高度和空间关系，并提出平面形式和出入口位置，景观最佳地段不得设置餐厅及集中的服务设施。

（9）管理设施及厕所等的位置，应隐蔽又利于方便使用；水、电、燃气等线路的布置不得破坏景观，同时应符合安全、卫生、节约和便于维修的要求；电气、上下水工程的配套设施、垃圾存放场及处理设施应设在隐蔽地带。

5. 总体规划设计阶段

总体设计是决定一个旅游区旅游实用价值和景观艺术效果的关键所在，是全部设计工作中的一个重要环节。游赏对象是旅游区存在的物质基础，它的属性、规模、景观特征、空间形态等因素，决定了各类各级旅游单元总体设计中的主体内容。因此，总体设计应根据批准的设计任务书，围绕游赏对象，结合现状条件，对场地功能和景区划分、景观构想、游憩点设置、出入口位置、竖向及地貌、园路系统、河湖水系、植物布局以及建筑物和构筑物的位置、规模、造型及各专业工程管线系统等做出综合设计。总体设计通过设计图文件至少应反映九项内容：①旅游区所处地段的景观特征及景象展示构思；②基地的面积和游人容量；③总体景观构想的内容、艺术特色和风格要求；④景观系统结构，包括山体水系等要求；⑤游憩项目的组织，包括旅游点的设置、旅游吸引物的类型和要求等；⑥景观单元的布局；⑦游线组织与游程安排；⑧分期建设实施的计划；⑨建设的投资匡算。

四、设计详细规划

详细设计的主要任务是以总体设计为依据，详细贯彻各项控制指标和其他设计管理要求，对旅游区做出具体的安排和对每个局部进行技术设计，其目标是完成所有与旅游区建造有关的一系列技术图纸。对于建设用地规模较大的旅游区，如风景名胜区、城市公园等，应以相应的控制性详细规划为依据和从管理的需要出发，进行详细设计。对于规模较小的旅游地域，在总体设计阶段时，可直接穿插一些详细设计的内容，或直接进入施工图设计阶段。

（一）详细规划设计内容

建设用地规模较大的旅游区，景观详细设计通常包括：建筑、道路、绿地和景观等的分区平面图；交通出入口、界线等的详细设计；道路景观详细设计；种植详细设计；工程管线详细设计；基地剖面详细设计；游憩服务设施及附属设施系统详细设计；投资概算与效益分析。

这些详细设计内容对于一般项目而言具有普遍的指导意义，它为旅游区内一切旅游项目开发建设活动提供指导，详细设计时应该参照执行，但旅游区的景观详细设计应有自己的特点和控制侧重点。

当旅游区规模比较大时，在总体布局确定后，可根据实际需要，分别进行每个分区的详细设计，或各个分项的详细设计，如建筑分项、小品分项、广场分项、种植分项等。无论采取哪种途径进行详细设计，与总体设计阶段的定位不同，各分区的旅游活动特性决定了它们设计上侧重面的不同。详细设计阶段更侧重具体场地的功能性与个性塑造。具体而言，旅游区景观详细设计有如下两个特点：

1. 功能具体化

对于一个具体的旅游空间而言，首先是场地的功能性问题，也就是一个场地如何布置游憩设施，并最大限度地为开展游憩活动提供适合使用特点的场地环境，并从建设条件及综合技术经济方面进行分析、论证和设计控制。例如，游憩场地的主要出入口是人流、车流汇集之处，大量车流在此集散，人流在此等候出入，还有停车场面积大小及位置安排；另外，在营利性旅游区的主要出入口附近，常常设置售票处、商业零售、导游广告牌、环境小品等附属设施。

因此，出入口的内、外集散广场，应满足主要人流进出场地的需求，吸引游人进入，同时还要完善协调与城市交通的延伸。在大型综合城市公园中，通常设有集中的文化娱乐分区，在这个分区里，建筑物及游憩设施一般比较多，包括俱乐部、影视中心、音乐厅、展览馆、露天剧场、溜冰场和其他一些室内及室外游憩活动场地等，对于大容量的游憩项目或有瞬时人流高峰的场所，如露天剧场、电影院、溜冰场、游泳池等，道路的通达性就显得格外重要。因此，应特别注意在旅游区内妥善组织交通，在条件允许的情况下尽可能接近旅游区的出入口，甚至可以单独设置专用出入口。

再如儿童游乐区的详细设计中，重点考虑的是安全问题。所以儿童游乐区的器械多以弹性玩具为主，植物种植也应选择无毒、无刺、无异味的树木花草。落叶树种，因为夏季遮阴冬季透光的特点而更适合栽植在这里。

可见，详细设计与总体设计在设计深度上的要求是不一样的。总体设计阶段的设计目标，是根据旅游地内部的使用要求，确定位置的安排，考虑更多的是整个旅游单元的全面的综合设计问题；而详细设计涉及诸如出入口及其边界、内外集散广场、停车场、自行车存车处、植物种植等，以及附属设施的使用功能控制和空间的具体设计，涉及的方面更为细致详尽。总之，详细设计的要点就是深化总体设计的意图和将功能具体化。

2. 景区形象塑造

一个旅游区不仅为人们提供了休闲娱乐的场所，而且还改善了环境质量，也是体现旅游地艺术面貌和效果的关键所在。比如旅游地出入口大门不仅应该具有控制通行的能力，而且应该给人强烈的视觉印象，并能够体现旅游地的风貌品位，而不是仅仅指导人们的进出。

一个高品质的景观设计应该具备三方面的特点：第一，异质性，既有自己特点，能从整体上与其他区域区别开来；第二，关联性，即每一个体事物能与其他事物或与观察者发生一定的关系。譬如一座大门应能与游客或与其背后的空间发生一定的联系；第三，具备一定的含义。这三点是形象塑造中的三个相互依存不可分割的部分，是构成一个明确的形象不可缺少的三个方面。

（二）详细规划设计图纸文件

旅游景观详细规划设计图纸主要包括分区平面图、基地断剖面图、种植设计图、竖向设计图、建筑设计图、管线图、设计概算等。

（1）分区平面图。详细设计阶段的分区图是根据总体设计阶段的区划，对不同的空间分区进行局部详细设计。每个局部应根据总体设计的要求，详细地表达出等高线、道路、广场、建筑、水池、湖面、驳岸、乔灌木、花草、草地、花坛、山石、雕塑等内容。

（2）基地断剖面图。丰富的地形起伏变化能给空间序列展开提供有利的条件，但同时也使设计难度有所增加。为了更好地表达设计意图和表现地形关系中的最复杂部分，或局部地形的变化，需要做出断剖面图，以便更好地把握地形变化的关系。

（3）种植设计图。种植是旅游区设计中贯穿始终的分项。详细设计阶段的种植平面图与总体设计阶段的种植平面图有所不同，总体设计阶段的种植设计图主要是从大的方面进行控制，而详细设计阶段的种植设计图应能较准确地画出常绿乔木、落叶乔木、常绿灌木、开花灌木、绿篱、花篱、草地、花卉等具体的位置、品种、数量、种植方式等。在特别重要的旅游地段中，如果利用植物来造景，要画出植物立面图，以实现控制栽植效果的目的。

（4）竖向设计图。详细设计阶段的竖向设计图是对总体设计阶段竖向设计图的细化。此阶段的竖向设计图应具体明确制高点、山峰、台地、丘陵、缓坡、平地、岛及湖、池、溪流、岸边、池底等的高程，以及入水口、出水口的标高，还应包括地形改造过程中的填方、挖方内容。在图纸上应具体写出挖方、填方数量，说明应填土方或运出土方的数量，一般力求挖土方、填土方取得平衡。

（5）建筑设计图。详细设计阶段的建筑设计图与总体设计阶段的有关建筑的图纸不同，总体设计阶段的有关建筑的图纸只是一种控制意义上的示意图，主要从面积、高度和风格等方面进行控制，考虑更多的是建筑与环境协调的问题。但详细设计阶段的建筑设计图，却与通常的建筑设计图纸一样，不仅要求执行和深化总体设计阶段预设的目标，而且还包括建筑的各层平面图、立面图、屋顶平面、必要的大样图等，涉及与结构、电气设备、上下水等各专业工种的配合问题，显然设计的深度是不一样的。此阶段的建筑设计图纸特别要反映出建筑与环境的关系。

（6）管线图。相对于总体设计阶段，详细设计阶段管线图的主要任务不是位置的布置，而是应该具体表现出上水（造景、绿化、生活、卫生、消防）、下水（雨水、污水）、暖气、煤气等内容，并注明每段管线的长度、管径、高程及接头方式，同时注明管线及各种管井的具体位置、坐标。在电气图上具体标明各种电气设备、（绿化）灯具位置、配电室及电缆走向位置等。

（7）设计概算。详细设计阶段的概算中，土建部分可按项目估价，算出汇总价，或按市政工程预算定额和园林附属工程定额计算。绿化部分可按基本建设材料预算价格中苗木单价表以及建筑安装工程预算定额中的园林绿化工程定额进行计算。

五、施工图规划设计

施工图设计是设计程序中最后一个步骤，此时所用到的设计元素应考虑其细部处理和材料利用等细节问题。

设计不能仅凭想象，也不能仅用文字描述，必须用设计图来表达。设计图纸是设计者与建设方或使用者之间最具体化的沟通工具。基地面积较小的旅游景观，设计图常常以 1 ∶ 10 或 1 ∶ 50 的比例绘制，并用图例在设计图上表现。当植物的冠幅宽度适合在图纸中表达时，尽量依比例绘入图中。例如植栽设计中阔叶树充分发育后的树冠可达 3 ～ 10 米，成年针叶树的树冠可达 1 ～ 3 米，其符号图例即可依比例绘入图中。

设计完成时，必须详细检视所有的图纸文件，并考虑时间和预算经费是否在规定范围内，同时与建设方进行沟通交流，做出必要的修正。在一切确定之后，根据已批准的设计文件、技术设计资料和要求，再将所有的图面清楚、完整地绘制在图纸上。

完整的施工设计图文件应包括：图纸目录、设计说明、主要技术经济指标表、城市坐标网、场地建筑坐标网、坐标值、施工总平面图、竖向设计图、土方工程图、道路广场设计、种植设计、水系设计、建筑设计、管线设计、电气管线设计、假山设计、雕塑小品设计、栏杆设计、标牌设计等的平面配置图、立面图、断面图、剖面图、节点大样图、鸟瞰图或透视图，以及苗木规格和数量表，并编制工程预算书及施工规范。

第四节　大数据背景下智慧景区空间规划策略

一、大数据时代旅游业发展变革及趋势

“大数据 + 旅游”概念的提出为传统旅游业的发展开辟了新途径，传统景区则面临着向“智慧景区”转变升级的重要机遇期。景区发展变革受思潮引领，大数据思维与传统旅游思维的碰撞势必引起景区空间规划的又一次变革。

（一）大数据思维

作为一种新的媒介方式，大数据改变了信息的传递模式和传播速度，也改变了商业模式甚至空间形态。与此同时，这种信息传播模式和商业组织模式也在深深改变人们的思维方式。通过大数据思维，让一些原本看似天方夜谭的需求成为可能，也让原本可以满足的需求在实现的质量和速度上得到升级。在大数据创新高速发展的今天，此种创新手法不失为一条有效抢占市场的良策，于是“创新型企业”如雨后春笋般在各行各业涌现。

大数据思维的特征可以总结如下：用户体验、产品更新和信息传播。用户体验注重研发，产品更新侧重于大数据云计算的运用，而信息传播的重点在于宣传销售。大数据思维及大数据技术可以完美实现规模经济难以做到的“个性化定制服务”，正是因为有了大数据技术，实现了搜寻成本大大降低，个性制定可以通过大数据技术的应用实现有效的分类和聚集，进而实现规模化生产，有效降低成本，实现工业经济时代无法企及的成本领先。通过大数据实现规模经济从而达到成本领先，所有人的个性化需求都可以得到覆盖。即所谓“大数据思维”。

（二）旅游思维

我国旅游业的发展势头正劲，公众对旅游及大数据的热潮日益高涨，但相较大数据思维，“旅游思维”对于大众来说完全是一个陌生概念。概括来说旅游思维是一种创新与整合，如何对各类旅游资源进行整合与创新，是对旅游业如何发展做出思考的一种解决办法。

首先，旅游需要强调参与感。所谓参与感，是使用户参的参与感发挥到

极致，做到“身临其境”，因此得以经过数次经济时代变迁而顽强的存活。

其次，旅游思维崇尚“小是美好的”理念。这也是旅游未来发展的趋势之一，未来旅游的发展必然更多会走小众路线，而此处所谓的小众，并不是单纯少数人去冷门地区游玩的含义，而更多是注重旅游过程中的互动模式，必须突显出其独特的用户体验，也就是说未来旅游和度假的概念将逐渐模糊。

（三）大数据对旅游思维的影响

旅游业与传统商业交易具有明显不同点，旅游业并不需要输送产品到世界各地去，绝大多数旅游产品具有不可转移性。旅游产品不同于一般物质产品可以运输并在交换后发生所有权转移，消费者购买旅游产品，得到的并不是旅游资源的所有权，而只是去感受和经历的权利。旅游产品的不可转移性也说明了旅游产品的信息传播速度越快、效率越高，对游客的旅游需求刺激影响越大，它的价值也就更容易实现。

互联网发展为全球信息传递与沟通创造了一个极为广阔的平台，也为旅游市场的发展提供了一个新的契机。互联网的种种天然特性正好也是旅游发展所需要的，所以旅游思维对互联网思维的作用之大便不言而喻。互联网思维改变了旅游业原有的运作模式，提高了旅游服务产品的交易效率，降低了交易过程中的成本，传递了旅游信息资源，更加深入的刺激了该领域的竞争。

为了适应大数据思维带来的变化，旅游景区在未来发展过程中必须做到资源整合优化，运用新技术、新管理理念、和新的运作方式为游客提供更多的“大众化的小众服务”的旅游体验，才能谋求可持续发展，即景区的“智慧化”建设阶段，势必以重视满足游客个性制定等个性化需求为基本原则，走创新、协同发展之路。

二、大数据特征对空间的影响

（一）空间组织多元，区位因素影响降低

互联网大数据时代是以信息技术的广泛应用为基础的。信息技术弱化了空间相互作用与距离之间的关系，因此工业时代的地理学规律——“集聚一扩散过程遵循空间距离递减规律”在信息时代的适用性有所下降。信息技术使空间结构发展呈现出集聚与扩散并存的态势，经济社会活动日益依赖于信

息网络进行，在很大程度上削减了距离的障碍，区位的影响力被削弱，传统空间发展格局被打破并形成多中心网络化的发展格局。与此同时，信息技术对于空间组织的影响，并不仅仅在于分散了空间活动，更在于支撑了中心区的聚集与高强度开发。

（二）功能兼容，公共空间成为要点

互联网大数据以“连接一切”的形态实现了技术、场景、参与者的即时联系网络，互联网大数据可以与一切行业发生关系，诸如旅游这类与居民生活联系密切的行业将受到较大影响。

首先，随着区位影响因素地位的降低，功能区选址问题所受影响条件降低，原本对自然资源拥有较强依附关系的业态功能区便拥有了更多选择余地，各地区之间联系加强，孤立发展的态势将被打破，区域间协同发展成为可能。

其次，休闲空间、居住空间与就业空间兼容。随着居家办公、远程服务和电子商务的普及，以及城市基础设施和公共服务设施网络的智能化连接，供需方可以很好地解决信息不对称的问题，生产功能和流通功能的兼容化也将越来越突出，休闲、娱乐、生活及工作的场所边界和空间概念变得更加模糊，功能空间更多的转化为相互依赖与融合发展的关系。

最后，公共空间将成为空间体系中的关键节点。人们以社会交流为目的聚拢在一起，是智慧化空间的真正应用。公共空间的重要性不仅在于它的实体特征形态在空间形态中的作用，还在于它使人们在空间的体验过程中产生特定的感知和记忆，正是这些记忆的集合形成了空间的整体意象，使人能与空间产生超越物质环境的深层次联系，并进一步成为文化和精神价值的承载物。因此，在互联网大数据时代，以体验为空间特性的公共空间的重要性将不断加强，它将成为装载文化、体验交往需求的容器。

（三）注重人本思想，完善空间

大数据时代的到来，为促进个性化定制、公众参与带来了新的机遇，促使空间的塑造尊重人本身的活动需求。公众参与及个性诉求的表达突破了时空的限定和依赖，通过互联网大数据进行扁平化、裂变式传播，并以建设服务于多方信息共享及知识交换的参与共享平台为新的趋势，空间发展有了更多来自民间的力量，影响了城市空间的构成。

互联网大数据时代信息的自主、参与的自主化及创造的自主化推进，改变了公众的参与意识，也改变了社会力量、政府力量和规划师群体的组织、交互及博弈方式。大数据时代，依托微信群、公众号、微博、豆瓣和知乎等在线社区，社会自组织力量大幅提升，众包、众筹及众创等小规模自组织形式的活动大量涌现。参与的形式从主动参与变成无需意识的被动参与，城市空间的引导更基于对人本身行为及其交互规律的理解。

IC 卡刷卡记录、GPS 轨迹，带位置的微博和照片数据等称之为“数字脚印”的大数据，使规划可以对人类的行为进行大规模、客观、连续及实时的感知、观测和计算，这种手段在一定程度上替代了以往以收集资料为目的的调查类公众参与方式，体现了“感知即参与”。

三、大数据影响下智慧景区空间演变

传统景区空间以主要旅游资源及路线为依托形成线性结构单元，现实旅游活动进行过程中人流、物流等。“物质流”皆按照既定的路线往返流动，构成传统意义下的动态平衡状态。在智慧化环境当中，由于新兴“虚拟旅游资源”的开发而形成的信息流、资金流等非物质形态的“虚拟流”具有很强的渗透作用，可实现对物质空间的突破，与“物质流”形成互补关系，共同作用下逐渐向周边扩散，将更多旅游路线融入原线性单元结构中来，共同组合成网络化的空间结构，而“网络”中各个节点则构成若干单元组团，具有一定功能。至此，以大数据及智慧管理系统为基础的虚拟体系逐渐从景区空间体系中分化出来，形成全新空间形态，景区空间逐渐划分为物理与虚拟两类，物理空间的发展在传统旅游景区空间模式基础上结合大数据思维特征有所变化，虚拟空间则以一种平等地位正式比肩与物理空间，共同构成完整的智慧景区空间体系。

（一）景区物理空间的演变

景区物理空间的发展演变基于原有空间结构，受旅游活动参与者需求变革而呈现出空间形态的演化，具体体现为结构灵活化、景点的分散化、功能的复合化方面。

结构灵活化体现在随着景区可挖掘资源的不断深入种类的不断增加，体验形式的不断变化，相较于传统景区中功能单一的住宿、餐饮等环节皆可演化出多种主题体验类型，使以往仅可作为主景区配套服务功能的区域“升级”为景区旅游吸引物之一，地位的提升亦可使其对应空间布局灵活性逐渐增强，不再受制于主景区的“服务半径”制约。如特色民宿体验、特色餐饮体验、乡土农事体验等功能的深入开发使其相应空间布局具有更大的自主灵活性。

景点分散化体现在景区内旅游吸引物的种类多元、地点随意的发展趋势，景区逐渐摆脱了以往“山区只看山，滨海只看海”的单一旅游吸引物发展模式，而朝着吸引物多而散的方向发展。随着公众猎奇心态和“小众化”观念的逐渐增强,体验层次不断升级,追求意境的感知等精神层面的体验成为主流。“一草一木一世界，一池一藻一华年”，精神境界的追求对环境的要求并非十足苛刻，氛围塑造得当，随处皆可为景点。

功能复合化体现在景区功能的多元发展。借助大数据时代物流、信息流快速高效高度发达的发展背景为依托，旅游活动参与者对景区内功能需求亦提出不断推陈出新的要求，这决定着景区功能必然朝着多元复合化发展。在传统观光旅游功能基础上，旅游景区逐渐融入休闲养生、康养居住、商务办公、创意创作、科学研发等多种功能形式。昔日的“到此一游”型观光景点，如今更像是可供“短期居住”“养生栖居”“产居结合”“创科空间”的风景秀丽之场所。

（二）景区虚拟空间的分化

随着新一代信息技术在旅游景区中运用范围的逐渐扩大、技术日渐成熟，单纯景区信息化建设已经难以满足景区发展需求。从最初景区信息管理系统、门户网站到逐步建立起的综合服务平台等，各单一体系逐渐发展成日趋完善的虚拟系统，旅游参与者在景区中的活动亦不再局限于物理空间，虚拟场所的活动日趋频繁且呈现爆发式增长，虚拟空间的发展逐渐从物理空间中分化出来单独形成相对完善的体系。

移动终端的普及及无线网络的大面域覆盖为旅游活动虚拟化提供了“硬件支持”,而旅游活动参与者在虚拟系统中的活动“场所”及活动内容的设计，更需要进行与常规物理空间中同等地位的规划设计工作，提供“软件支持”。虚拟空间的发展主要呈现网络化、个性化、互动化特征。网络化体现为信息全域的覆盖，信息接受者可接收到无层级均等化信息咨询；个性化体现为旅游活动参与者可在虚拟空间中体验到符合自身特殊爱好的行为活动，即虚拟空间中的活动为游客“量身定制”；互动化体现为虚拟空间中所策划的活动与物理空间中现实场景形成对接，虚实互动互为补充。

四、大数据背景下智慧景区空间规划的思路

智慧景区空间的规划必须紧扣当前市场的需求与未来产业发展趋势，即旅游用户群体对旅游功能提升的基本要求及景区未来发展寻求产业多元化的夙愿。旅游功能提升方面，由传统观光型景区向智慧化深度体验型、主题化精神文化型、无景点化全域探索型升级。把塑造多元旅游体验、提供个性需求作为旅游功能升级的根本目标，对其空间规划设计时须遵循一系列合理原则，通过对规划区的旅游资源和市场需求进行详细调查分析，挖掘当地资源中具有体验性价值的部分，借助智慧化手段实现深度开发。功能拓展方面，重点聚焦景区拓展的商务办公、会议会展、智慧应用、创新创业等类型空间的建设，以多元产业协同发展为长远目标，在空间规划设计时需满足一定基本条件，对规划区的产业发展状况及发展前景做出评估和预测，再合理有序进行。于此，两类主要方面建设目标指引下，景区空间为承载多样化需求亦应呈现多元发展状态，网络虚拟空间的不断发展正在不断丰富空间形态类型及功能，未来景区空间发展应呈现物理空间与虚拟空间齐头并进的态势。

（一）开发理念更迭，旅游资源深度挖掘

打造多种类多层次丰富旅游体验，改变景点为中心的设计理念，实现“无景点”式体验空间网状覆盖是智慧旅游最为核心内容之所在。旅游体验的丰富决定了对旅游资源的评价不能再以旅游观光价值作为唯一的衡量标准。为游客提供高质量、多种类旅游体验的前提是需要建立在对基础资源价值的深入性评价基础上，了解资源对游客构成体验的价值所在。深入认识资源价值，从体验的角度进行旅游规划设计和开发是规划的前提条件。

（二）区位观念打破，区域空间结构改变

在景区规划设计中对空间处理包括三方面。首先，传统景区注重区位因素的重要性，功能空间设置均以区位优先为重点参考，智慧景区得益于大

数据作用，区位因素影响作用大大降低；因此景区选址应打破传统“景观优先”“圈地造景”的束缚，让旅游地成为更为开放、自由的旅游空间。传统旅游景区的关注点往往集中于景区内的各个片区，景区功能设置根据景点分布划分片区，旅游活动也局限于“片式”的活动范围内，从提供多元体验的角度来出发，可提供特别体验内容的地方皆可作为旅游活动涉及的空间，因此规划的目的也从打造观光景点转变为营造网络化、分散化的整体氛围；再次，传统旅游景区对外围拓展区域较少有所涉及，利用景区外围空间发展延伸产业，丰富景区功能业态格局，打破传统景区单纯依靠门票等消费收入的局面，塑造以创新创意产业为主导的新兴外围产业区，体现智慧景区复合功能、网络化发展、线上线下互动的特征特色。

（三）突破传统体系，构建多元活动空间

解析大数据时代思维模式及空间组织逻辑构建合理物理空间体系，搭建智慧旅游服务平台完善便捷的虚拟空间体系，形成“虚拟”对“物理”的线上与线下融合互动的综合性景区空间系统，是智慧景区空间升级的代表性特征。旅游活动的种类、新鲜程度决定了旅游体验质量的高低。跳出单一物理空间形式的局限，向虚拟旅游空间方向转变，借助高科技设备增强体验度，将虚拟游览过程转变为真实度极高的体验过程，满足旅游者多样化、个性化的旅游需求，为景区注入活力。

（四）满足个性需求，提供自主旅游选择

大数据时代的到来给个人活动提供了更多选择，终究使得个体的个性得以更全面彰显。自主性、个性化旅游体验设计和营造应当贯穿整个景区旅游活动的方式、内容和组织中。将传统依靠景点为吸引物转变成为满足游客个性化需求的旅游体验为吸引物，使游客获得高质量的旅游体验，正是顺应了休闲时代旅游者的旅游需求。

（五）丰富业态形式，建设复合众创空间

在全球化的城市网络时代，未来空间体系将由传统的单中心、规模等级的金字塔结构向多中心、扁平化的网络结构转变。

大数据基因为景区所处地区带来生产生活方式的巨大变革，规划应充分

发挥“大数据＋旅游”的融合催化效应，在服务提升、产品拓展和商业模式创新等方面进行全方位融合创新。

推进旅游商业运营模式创新，通过运用旅游大数据，探索新的旅游商业模式，搭建开放式平台，支持“大数据＋旅游”的商业应用。引导传统特色工业与文化旅游和大数据融合发展。生辰生活方式的变化，使得空间组织逻辑也已经出现创新人才追逐宜居环境、创新产业追随创新人才布局的转变，因此其空间组织模式亦呈现出网络化、去中心化的特征。在大数据平台的支持下，不同专业化的生产和服务环节在空间上呈现分散化布局。在此背景下，空间营造更应加注重良好的生态环境、宜人的空间尺度、高品质的文化休闲设施和丰富多样的公共交往空间，促进创新人群交流，激发创新活力。

第三章　智慧景区游客流量预测方法与管理措施

第一节　智慧景区客流量的影响因素、特点与分类

景区客流量是指在一个区域上由于旅游需求的近似而引起的旅游者集体性空间位移现象，即旅游者从客源地向目的地流动的人群数量和流动模式。根据时间尺度的不同，将旅游客流量分为日客流量、月客流量、季客流量和年客流量，其中日客流量称为短期客流量，月客流量、季客流量和年客流量统称为中长期客流量。不同时间尺度的客流量受到的影响因素不同，客流量特点也不相同。中长期客流量更易受经济、社会、文化等宏观因素的影响，波动变化相对较缓；短期客流量由于受时间、空间、信息等各项条件的制约，它具有与中长期旅游客流量不同的特征。

短期客流量反映以每日为单位的游客数量的变化和趋势，由于短期客流量跨度时间尺度小，经济、文化等宏观因素对其直接影响较小，它更多受一些相对微观的、直接的因素影响。短期客流量影响因素和特点的研究是进行短期客流量预测的基础，对旅游地的规划、旅游销售及景区容量管理将产生重要的意义。因此，下面主要对短期客流量的影响因素、特点与分类进行探讨研究。

一、客流量的主要影响因素

在国内外的文献研究中，旅游客流量影响因素提法甚少，大多数研究为旅游需求影响因素的分析。旅游需求指居民在一定时期内（一般是以年为单位），对境内旅游产品具有支付能力的现实和潜在的购买力总和，具体的表现

形式可以是一段时期内的国内旅游总收入（总花费）或旅游的总人数。旅游需求影响因素即为影响一段时期内的旅游总收入或旅游总人数的因素，是一个长期的要素。国内外学者对其研究各有侧重点。

国外学者主要从经济因素的角度如收入、价格、汇率等对出入境旅游需求影响因素进行研究，较少关注到气候、环境等因素对旅游需求的影响，而且研究的关注点主要是中长期旅游需求预测的长期影响因素，比较宏观。国内学者对旅游需求影响因素的研究，除了考虑经济因素外，心理偏好、消费习惯等也成为影响旅游需求的重要因素。同国外学者对旅游需求影响因素的分析类似，国内学者的研究主要集中于中长期、趋势的影响因素。

综上所述，国内外文献关注点主要集中在影响中长期旅游需求预测的因素上，如经济、社会、文化等因素，比较宏观，难以获取，而且国外学者研究的旅游需求影响因素主要通过定量的计量经济学模型实现，国内学者则更多以定性分析为主，真正关注旅游短期客流量如每日客流量、未来 3 ~ 5 日客流量等具体影响因素的较少。

（一）历史客流量

在时间序列预测中，由于其他的影响因素难以获取，历史客流量成了大部分学者在研究预测时的首选影响因素，而且历史客流量随着日期的接近，影响程度会更高。在交通流短期预测和电力负荷短期预测中，历史客流量成了最重要的影响因素：有文献用历史客流量实现短期交通流量的预测；有文献用历史客流量实现短期用电负荷的预测。历史客流量同样也被学者们用于旅游中长期客流量预测，有文献用历史同期客流量来实现旅游目的地的客流量预测。在旅游短期客流量影响因素的研究中，历史客流量除包含历史同期客流量外，还应包含前一日客流量即昨日客流量，原因在于相邻两日的各个影响因素变化不大，对预测当日客流量有着重要的参考意义。

另外，对于一些有特殊自然景观如日出的景区来说，为了实现每日客流量的预测，当日某一时刻前的游客数量也成为重要的参考依据，选取的原因在于某一时刻前客流量和当日客流量具有极高的相关关系。以黄山风景区为例，黄山景区日出等自然景观吸引着数以万计的游客，绝大多数的游客会在早上八点前登山，由于此时段客流量高度集中而且容易监控，黄山风景区主要通过对这部分客流量的统计来实现当日客流量的预测。这些历史客流量数据对每日客流量起着重要的影响作用，是进行每日客流量预测的最重要影响因素。

（二）人体舒适度指数

通常情况下，人们以温度的度数高低来确定是否外出旅游，温度成了影响客流量多少的最重要的因素。是随着外界环境的多变，单一的温度高低并不能成为影响人们外出旅游的唯一标准。人体对外界冷热的感知除了温度以外，空气相对湿度、风速等因素同样对其产生不可忽视的影响，它们是影响人体是否舒适的重要气候要素，进而影响着人们外出旅游决策。如果相对湿度较小，风速较大，即使气温较高，人也不会产生特别炎热的感觉；同样如果气温较低，只要湿度、风速适宜，人体也不会产生寒冷的感觉。在这些情况下，人们都倾向于外出旅游，人体舒适度指数成为旅游短期客流量预测的另一个重要影响因素。人体舒适度指数是温度、湿度、风速等气象要素的综合指标，它是以人类机体与近地大气之间的热交换原理为基础，从气象角度评价人类在不同气候条件下舒适感的一项生物气象指标，是影响旅游地开发的重要因素，它直接影响到旅游季节的长短及客流量的年内变化。

随着信息技术的极大发展，人们在外出旅游前，并不是单纯考虑温度的高低，他们会参考多种气象信息，并将其综合，根据天气带给身体的舒适度等综合要素来调整自己的出游行为。人体舒适度指数成为游客出行的重要决策参考信息，对客流量产生着直接的影响。

（三）节假日

2019 年 8 月 1 日，中华人民共和国人力资源和社会保障部官网发布《法定年节假日等休假相关标准》，对包括休息日、法定节假日、年休假、探亲假、婚丧假五类休假标准予以明确。我国现行法定年节假日标准为 11 天，全体公民放假的节日：新年（元旦节），放假一天；春节，放假三天；清明节，放假一天；劳动节，放假一天；端午节，放假一天；中秋节，放假一天；国庆节，放假三天。

新休假制度的实行带动了假日经济、假日旅游的兴起，居民短线旅游意愿急剧升温，从而使得节假日旅游成为我国国民经济新的增长点。在固定长度的休假时间内，游客的出游行为规律基本不变，游客的时间成本通常是2～5天，旅游需求对休假时间有较强的敏感性。休假时间越集中，游客总量越大，造成这种情况的原因是我国休假制度带来的居民闲暇时间的限制。因此，节假日虽然时间较短，但是它使得人们一段时间以来被压抑的旅游需求得到充分释放，于是出现这种短期内大量集中同一景点的井喷现象，而且节假日的时间长短会给客流量带来极度不均衡的现象，例如，像春节、“十一”休假时间较长的节假日，尤其是国庆节，气候适宜，旅游景点通常都会在此时迎来年度客流的最高峰。

（四）旅游突发事件

随着游客出游行为的变化及信息技术的发展，影响旅游短期客流量的因素已经不仅仅局限于由天气、节假日等所决定，各种旅游突发事件会对短期客流量产生重大影响。在旅游突发事件中，既有来自自然方面的如特殊的极端天气、突发性的地震等，也有来自公共卫生事件如突发性疾病，还有的来自一些金融危机、政治事件等。旅游突发事件对旅游业而言，其性质就是一种超常规的特殊影响因素。这种超常规的特殊影响因素会给旅游行业的发展造成严重危机，会给游客的旅游决策产生重要的影响，从而使得客流量在短期内会快速下降。

旅游突发事件对客流量产生影响的原因主要有：①自然性的突发事件，如极端天气、地震等会造成交通的不便，直接给人们的生命造成极大威胁，在这种情况下人们不能外出、也不敢外出旅游，尤其是受其直接影响的一些山岳风景区；②公共性的卫生事件，公共性的卫生事件会给人造成一种精神上的恐慌，人们源于对风险的规避，不能外出，从而调整自己的旅游行为，减少出游行为。这些都直接导致了客流量在短期内的快速下降，因此，旅游突发事件虽说是小概率事件，但是它对客流量造成的影响越来越不能被忽视。

二、客流量的主要特点

旅游客流量是一个游客参与的、复杂的和时变的非线性系统，由于受到自然气候及节假日、突发事件等方面因素的制约和影响，旅游短期客流量总体上表现出一定的非线性性。又由于各个影响因素在不同时期的影响程度不同，使得客流量在不同时期表现出不同的特点。

（一）客流量的非线性特点

旅游客流量时间分布的不均匀性是旅游地及旅游业的普遍现象，这种不均匀性形成了短期客流量在大多数平常日情况下表现突出的非线性性特点。这种非线性性既来源于旅游业自身的季节特征，又来源于旅游业容易受到外部因素干扰的脆弱性特征。非线性性特点更多地受自然条件、气候等外界规律性因素的影响，从而使得客流量有明显的淡旺季差异之分，尤其是一些山岳风景区和海滨型景区。客流量由于自然气候等因素造成的淡旺季的不均匀波动，整体上集中体现出客流量的非线性性特点。

另外，随着旅游经济的进一步发展，智慧景区客流量也呈现连年增长的态势，但是这种增长并不是单纯地呈直线式，更多情况下也呈现出一种非线性趋势，这可以进一步说明短期客流量在大多数平常日情况下非线性性明显的特点。

（二）客流量的季节性特点

由于人类的旅游活动在时间层面上呈现季节性的特点，使得短期客流量表现出明显的季节性特征，这是旅游行业的固有属性。这种季节性既有自然条件形成的自然季节性的影响，又有社会制度形成的制度季节性的影响。在我国，自然季节性是指自然现象的有规律的变化，特别是那些与全年气候的周期性变化密切相关的自然现象，主要体现在年际季节性和年内季节性两方面：年际季节性主要指年、季和月的季节性变化，如春、夏、秋、冬的交替变换；年内季节性主要表现为周、日客流量的季节性变动。

制度季节性主要体现在每年固定的休假制度、学校的假期、职工的带薪假期等，它们会在一定程度上形成季节性。在我国，制度季节性主要体现在我国的节假日休假制度上，在这些节假日，人们的旅游需求得到集中释放，客流量较前后有较大的改变。

由于自然季节性和制度季节性叠加因素的影响，使得短期客流量波动幅度较平常日有明显不同，幅度达到最大。波峰点往往出现在各个节假日，此时客流量除了非线性性特点外，最为明显的特点就是季节性，以季节性为主导的特点在节假日表现得尤为突出。

（三）客流量的随机性特点

旅游业是对外界环境变化较敏感、较脆弱的产业，近年来频频发生的各类旅游突发事件等影响因素都易造成旅游业客流量的随机性波动，非线性和线性交织结合在一起，没有固定的模式，形成旅游业发展过程中的特殊时段，具有与一般时段旅游不同的客流量特点。

由于旅游突发事件的突然爆发性，事前没有先兆，客流量在短时间内发生急剧变化，使得客流量原有模式被打破，非线性性和季节性特点削弱，随机性趋势更明显。在这种随机性趋势里，既有非线性性的特点，同时也有线性的一些特征，两者随机交织在一起，无固定的规律性而言，而且对客流量研究观测的尺度越小，它的随机性就越强，越处于突出地位。近年来，一些政治事件等突发事件发生后客流量的变化情况，均说明了客流量波动随机性的特点。

三、客流量的分类

正确、恰当地对旅游短期客流量进行分类，能够更加集中、更加有效地使用有限的历史客流量样本，以便为提高短期客流量预测的准确性打下基础。

短期客流量表现出的非线性性、季节性及随机性等特点是客流量在不同时期受不同因素影响的表现形式。就非线性性而言，它是短期客流量的一种固有特征，是短期客流量在没受到外在特殊因素如节假日和旅游突发事件影响时日常的一种常态化表现，它是客流量在大多数平常情况下呈现的最主要的特征。而在节假日，短期客流量虽然在年内整体上表现出非线性性特点，但是我国每年固定不变的休假制度形成的季节性和自然因素季节性的叠加使得季节性成了节假日客流量的最重要的特点，此时客流量波动剧烈，尤其像“十一”、春节这样的长假使得这种季节性特征最为突出。

另外，在旅游突发事件发生时，客流量的变化完全不同于前两者，随机性特点占主导，其中既包含着非线性性特点，同时线性趋势也存在。在没遇到节假日和旅游突发事件时，短期客流量主体上以非线性性为主；当遇到节假日时，节假日客流量季节性占主导地位；当遇到旅游突发事件时，客流量原有的波动模式发生变化，随机性趋势明显。

可以看出，旅游短期客流量在不同时期客流量的主要特点各不相同，短期客流量在不同时间所表现出的主要特点为正确预测带来了极大难度，在目前情况下，单纯用一种模型难以实现对所有时期短期客流量的准确预测。

因此，为了提高预测精度，根据客流量在不同时期的主要突出特点，将旅游短期客流量分成三类：平常日客流量、节假日客流量及突发事件时期的客流量，并以此为基础从不同的时间角度全方位地分析短期客流量的预测问题。

第二节　智慧景区游客流量的预测方法

随着旅游时代的到来，旅游业已经成为全球经济的重要产业，它对经济的发展有巨大的拉动作用。旅游景点客流预测已经成为当今旅游研究的热点与难点问题。热点在于旅游业的迅猛发展使旅游倍受关注，特别是国家在面对节假日旅游景点出现“一房难求”的现象时表现出的无力感，让企业界、研究领域都对旅游资源的合理规划产生了极大的兴趣。难点在于景区客流量由于如季节、气候舒适度、星期类型、休假制度、特殊因子、节假日和经济等多方面因素的影响，使景点客流出现“游人如织”和“门可罗雀”的负载不均衡现象的出现，客流量也呈现复杂的非线性特征。准确预测旅游景点未来每天的客流量对于景点合理的配置资源和游客及时调整自己的出行有着重要意义。

旅游需求预测的范围很广，方法也不胜枚举。往往根据旅游预测的需求对象、目的的不同，可以将旅游划分为不同的预测类别，有针对旅游地区经济收入进行的预测，有针对旅游景区内部设备做出的预测，还有针对客流量做出的预测。

目前旅游预测可以分为学术界和企业界。学术界的理论模型研究远远高于企业界的实际应用预测。在学术界旅游预测可分为定量和定性两大类。

其中定量方法中应用最普遍。时间最早的当属建立在数理统计之上的时间序列预测方法，其中包括移动平均模型、趋势线法、指数平滑法、自回归滑动平均模型（ARMA）和自回归积分滑动移动平均模型（ARIMA）。因果分析法主要包括线性回归分析，分为一元线性回归和多元线性回归。其他比较经典的有支持向量回归（SVR）、灰色预测理论、人工神经网络（ANN）和深度学习（DeepLearning）。

一、时间序列方法

时间序列方法指在连续的时间间隔上某变量存在一系列的变量值，这个变量值随时间的变化呈现出动态变化的过程。时间序列方法主要是探究这一变量与时间之间的关系,寻找其中的规律,进而预测这一变量未来的变化趋势。

（1）移动平均模型是时间序列的基础模型，它的主要思想是求扩大的时间间隔时序平均数,形成一组新的时间序列,平滑原时间间隔上面的异常波动,使变量趋势更加明显的显示出来。

（2）趋势线法是简单的线性回归。自变量在时间序列上呈现出简单的直线趋势（直线下降或者上升）。

（3）指数平滑法是在移动平均法的基础上提出的，它考虑由于不同时间序列数据对预测值的贡献大小不一，给予时间序列上的数据不同权重，这样既没有舍弃远数据，也充分考虑近期数据对预测值的影响，使预测结果逼近真实值。

（4）自回归积分滑动移动平均模型（ARIMA）指数平滑法，是时间序列中的经典模型，也是运用比较广泛的模型之一。它要求所得的时间序列数据必须是平稳的，若不满足条件则需要对序列数进行差分直到其平稳。平稳后再进行回归和平均移动去拟合原始序列值，进而达到预测的目的。

二、回归分析法

回归分析法指利用数据统计原理，对大量统计数据进行数学处理，并确定因变量与某些自变量的相关关系，建立一个相关性较好的回归方程（函数表达式），并加以外推，用于预测今后的因变量的变化的分析方法。

根据因变量和自变量的个数分为：一元回归分析和多元回归分析；根据因变量和自变量的函数表达式分为:线性回归分析和非线性回归分析。

回归分析法包括以下三个步骤:

（1）根据自变量与因变量的现有数据以及关系，初步设定回归方程。

（2）求出合理的回归系数。

（3）进行相关性检验，确定相关系数。

（4）在符合相关性要求后，即可根据已得的回归方程与具体条件相结合，来确定事物的未来状况，并计算预测值的置信区间。

支持向量回归隶属机器学习的方向，它的基本思想在支持向量机的基础上做非线性回归。它将复杂特征映射到高维空间，通过核函数分析高维空间做回归预测。

三、其他预测方法

（1）灰色预测方法。灰色预测是对不确定多因素的影响做相关分析。同时，对原数据处理得到变化规律，针对原始数的生成数建立模型去做预测。

（2）人工神经网络方法。人工神经网络启发于人的大脑神经网络工作方式。它基本结构由一个输入层，一个或多个隐层，一个输出层构成。每层还有有限个结点（神经元），不同层神经元之间由权重连接，经过激励层函数作用，不断调整优化输出结果，实现预测的目标。其中应用广泛的有反向传播神经网络。

（3）深度学习方法。深度学习是机器学习的深度研究，它含有多层感知器。通过复杂的感知器结构去学习抓取数据中的特征，挖掘数据中的特征规律去做预测。一般适用于大数据挖掘分析预测。

四、智能预测方法

通常国内景区客流预测将景点人流按拥挤指数划分为了非常舒适，舒适，一般，拥挤和非常拥挤五个评价等级。还有将国内景区旅游将人流量预测用热度趋势来表示，其中，热度趋势的范围为 0 ~ 150。这两个预测方法也没明确的说明景区的客流人次波动范围。虽然这两个方法能表明景区客流未来大致趋势，却不能准确预测未来景区的客流数据，这对于旅游部门规划或者游客出行的指导性还不强。

针对旅游景点的普遍性特征，结合不同预测方法的优势，可以提出一种景点客流智能预测方法（MSFNN）。该方法有效的统计学和神经网络结合，各取所长来动态预测预测景点客流量，以期提高旅游景点客流预测的准确度。该方法主要通过以下四步来实现：

第一，数据分析预处理。利用未来预测日的天气、湿度、风速计算出人体舒适度，根据舒适度等级对照表查找出预测日的舒适度等级。用趋势线中的直线内插法平滑历史年客流量中的特殊因子影响下的客流量，将平滑后的年客流统称为“普通工作日客流”。最后利用月平均法将普通工作日客流分为四个旅游季，依次为旅游旺季、旅游次旺季、旅游平季、旅游淡季。

第二，预测普通工作日客流。将影响旅游的多因素预测日的天气、预测日的舒适度、历史同级同星期类型客流作为神经网络的输入，通过神经网络对复杂特征的充分学习，预测出预测年份同季同周期的客流量。

第三，预测特殊因子客流量。在数据分析与预处理中将历史年份的年旅游客流分为四个旅游季，利用波动系数计算出每个季的特殊因子每天的具体波动系数，用波动系数乘以预测日的普通工作日客流即可得到预测日的客流变化量。

第四，在预测普通日客流的基础上加上客流变化量即为特殊因子预测日当天的客流量。

智能预测方法不仅可以提高旅游预测的准确度还提高了景点预测的普适性。

第三节　智慧景区灾害事故的游客管理方法

一、智慧景区灾害的游客管理方法

旅游灾害是指由于自然或人为因素所导致的对智慧景区景点等旅游资源及生态平衡的破坏，进而危及旅游资源生存的现象和过程。旅游灾害的危害性体现在三个方面：一是对旅游资源本身及智慧景区景点生态平衡的破坏；二是损害游客的人身和财产利益；三是给人类财富带来巨大的损失。按照导致旅游灾害的成因，可以把旅游灾害分为自然灾害和人为灾害。

（一）自然灾害的游客管理方法

由于自然方面的灾害性因素导致的对旅游资源破坏的现象和过程称为自然灾害，自然灾害因具有突发性与永久性、频繁性与不确定性、周期性与不重复性等特点，所以其对旅游资源的破坏强度大、难以控制，且一旦发生，其影响不可逆转。根据产生灾害的自然要素的不同，可分为三种类型：①天文灾害。天文灾害主要包括宇宙灾害、太阳系灾害及月球灾害，这些灾害多是由天文变化引起的，如太阳黑子的周期性活动、引力潮及月相变化产生的破坏作用等。②陆地灾害。陆地灾害主要包括地质地貌灾害、气象气候灾害、生物灾害等。地震、火山、泥石流、沙漠化等属于地质地貌灾害，这类灾害的破坏性强，严重时将造成重大的人员伤亡和经济损失；气象气候灾害主要是指台风、暴风雪、干旱等；生物灾害则包括土壤盐碱化、森林火灾、植被退化、病虫害等。③海洋灾害。海洋灾害包括海水流动、海温变化、海面变化及海水污染。

自然灾害的游客管理方法具体如下：

1. 自然灾害的预警方法

灾害防治管理的关键是灾前的预警工作。预警是通过对自然灾害的监测提供数据和信息，从而进行示警和预报。智慧景区建立经济有效的预警体系应该从以下方面着手：

（1）与相关灾害发布机构合作。智慧景区应与地震局、气象局、防汛办等相关灾害发布机构合作，保证随时获取当地未来 48 小时内的天气变化情况和灾害预警信息。

（2）与其他灾害预警组织联盟。缺乏对特定自然灾害的预警系统是灾情扩大的重要原因之一，智慧景区应与区域性或国际性灾害预警组织形成联盟，实现灾害信息共享。

（3）联络人员。智慧景区安全管理部门应设有专职的联络人员，随时与相关灾害发布机构保持联络。如有灾害示警立即向上级汇报，并争取舆论主动权，明确信息发布渠道和时间，建立与媒体的合作机制。

（4）对游客的警示、教育。旅游经营者及其从业人员对可能危及游客人身、财物安全的事宜，应及时通过媒体向游客做出公开、真实的说明和明确的警示，并及时采取有效的安全防护措施。还应对游客进行警示，提示游客某地区正值灾害多发季节，并告之目前情况和采取的相应措施。

2. 自然灾害的防范方法

自然灾害的防范也是智慧景区灾害防治管理很重要的一方面，智慧景区应结合具体情况，积极主动地从各个方面加强灾害防范，以减少自然灾害发生的可能性，降低灾害损失。

（1）救援指挥中心。智慧景区应设立灾害救援指挥中心，由智慧景区最高负责人任指挥长。灾害发生后，救援指挥中心负责救灾管理的指挥，统一安排救灾的各项工作。

（2）安全管理部门。①智慧景区应设立完善的安全管理部门，专门负责智慧景区自然灾害的预测、防范和救援；②智慧景区安全管理部门应遵循“统一领导、分级管理、以基层为主”的原则，贯彻“全面规划，综合治理，防治结合，以防为主”的自然灾害防治方针；③智慧景区安全管理部门应建立科学、全面的安全管理制度，将安全管理的责任落实到各个岗位、每个职工。

（3）防范设施。①智慧景区内应设有多个24小时开通的求助和报警热线，并派人轮流值守；②智慧景区的主要景点应有灾害警铃、固定求救电话、广播等示警设备和贯穿整个景区游览线路的广播和警铃系统；③智慧景区安全管理部门的工作人员应配备有可靠的移动通信设备，如对讲机、小灵通、手机等；④智慧景区应根据当地的气候和天气情况，在易发生自然灾害的危险地段、场所设置规范、醒目的中英文警示标志或禁止进入标志；⑤智慧景区在各个公共建筑、娱乐场所和客流量较大的地段应设有安全出口、应急通道和安全疏散通道，并确保这些通道的畅通；⑥智慧景区消防管理应符合《中华人民共和国消防法》和其他相关标准的规定，并对消防设施设备进行定期检查；⑦智慧景区应杜绝破坏生态平衡的规划方案，应在景区周围修建防护林、塘坝、排洪渠等防灾基础工程，并修建与景区规模相匹配的地震避难所、防洪高台和其他布局合理的灾害避难所；⑧智慧景区应配备有一定规模的医疗室（站），其设施设备的配置应达到《旅游规划通则》的相关要求；⑨智慧景区应配备可联网的计算机，与相关自然灾害专家达成协议，能及时针对灾情与其进行电话或网上咨询。

3. 自然灾害的救援方法

（1）指挥协调。智慧景区救援指挥中心的主要负责人应在灾情发生后立即赶赴事故现场，指挥紧急救援，合理安排和协调医疗、公安、武警、消防、通信、交通等多个部门。

（2）救灾系统的启动。救援指挥中心应设专门负责人在灾情发生后按指示启动安全管理系统或其他安全控制系统，并能熟练地操作系统。

（3）医疗救护。一方面，救援指挥中心应统一指挥和调遣智慧景区内参加医疗救援的单位和个人，并派专人协助医疗队救援；另一方面，在可能引起疫情的灾情发生后，医疗队应派专门的医护人员对智慧景区进行彻底的清理、消毒等防疫工作。

（二）人为灾害的游客管理方法

人为灾害是指由于人类不合理的活动所导致的对旅游资源破坏的现象和过程，人为灾害具有潜伏性、渐进性、可控制性等特点。旅游业发展到今天，人为因素导致的旅游灾害主要体现在：①在旅游开发过程中，由于规划不合理、无序化、急功近利、乱砍滥伐等因素造成的对智慧景区的破坏；②对智慧景区景点的粗放式经营，给智慧景区的生态造成的破坏；③由于旅游市场需求极不平衡，高峰期游客超过智慧景区的承载能力，从而使智慧景区生态环境遭到严重的破坏；④工业、生活、旅游等污染，给智慧景区造成的破坏；⑤部分素质低下、环保意识差的游客对旅游资源的直接破坏等。

人为灾害的游客管理方法具体如下：

第一，法律体系的建设和依法管理。建立健全智慧景区安全法规体系，加大执法力度，建立旅游开发建设中旅游地灾害评价、预测和治理的配套法规或防灾体系，使旅游资源的开发和保护工作有法可依，对违反法规的开发行为和破坏资源的行为进行严厉惩罚。

第二，行政管理部门组织制订科学的旅游发展规划，有效防止旅游开发中低档次重复建设的盲目行为、急功近利等短期行为和乱砍滥伐的破坏行为，确保本地区旅游业健康有序的发展。

第三，行政管理部门对智慧景区的生态环境实行等级管理，通过评等定级、年度等级复核等手段，强制景区必须达到国家规定的有关生态指标。对于“年审”不合格者，视其情况给予黄牌警告、降级、停业治理直至关门等处罚，以确保智慧景区的生态环境不受损害。

第四，构建完善的旅游信息系统。建立完善的旅游信息系统是实现旅游可持续发展的有力举措之一，旅游信息系统发布的信息必须做到：信息量大、涉及面广、准确度高等。通过构建旅游信息系统，使企业和游客可以获取准确的信息，起到规范行为的作用，以此减轻盲目开发和过度旅游等给智慧景区带来的生态压力。

第五，倡导发展生态旅游。大力倡导以认识自然、保护自然生态环境为内容的真正意义上的生态旅游，并将部分旅游收益返还给自然界，用以维护智慧景区的生态环境，确保旅游资源得到永续利用。

第六，加强国民素质教育。旅游业要实现从“观赏环境”到“维护环境”的跨越，必须努力提高国民素质。对政府而言，应该通过各种渠道有针对性地对公众进行环保宣传教育，使旅游业肩负起国民教育的崇高职责；对旅游企业而言，应该利用好智慧景区这一天然课堂对游客进行生态教育，共同提升游客环保、安全等旅游素质。

二、智慧景区安全事故的游客管理方法

（一）智慧景区安全事故的类型划分

关于智慧景区安全事故的类型，划分方法多种多样，最常见的是从智慧景区类型的角度将智慧景区旅游安全事故分为自然资源类智慧景区安全事故和人文资源类智慧景区安全事故两大类。

1. 自然资源类智慧景区安全事故

在自然资源类智慧景区，社会环境相对简单，人口构成单一。旅游安全事故的诱因主要集中为游客个人因素或行为，如游客旅行技能、自然灾害、游客身体及心理素质等。安全事故类型主要为机动机械活动类、自行车活动类、飞行活动类、跳跃活动类、撞击活动类、水域活动类，具体见表 3–1。

表 3–1　自然资源类智慧景区安全事故类型

景区类型	旅游活动	安全事故类型	事故举例
地文景观	越野活动，登山，攀岩，山地、公路自行车，滑翔，沙漠探险，洞底探险，滑雪等	机动机械活动类、自行车活动类、飞行活动类、跳跃活动类、自然灾害类等	外部创伤、机械事故（雪崩、山洪、泥石流等）

续表

景区类型	旅游活动	安全事故类型	事故举例
水域风光	冲浪、滑水、游泳、潜水、跳水等机动	机械活动类、水域活动类、跳跃活动类、自然灾害类等	溺水、外部创伤、水生动物伤害等
生物景观	原始森林探险、鸟类观赏、野生动物观赏、草原骑马等	动植物伤害类、花草过敏类、野生水果中毒类等	大型动物袭击、花卉过敏、植物对皮肤的伤害、蘑菇中毒等
其他	特殊天象、气候现象（极光、雾凇）、海市蜃楼、动物活动观赏等	身体不适（由于海拔高度、气候变化等原因造成）	高原病、极温等

2. 人文资源类智慧景区安全事故

人文资源类的智慧景区多位于人口集中的城镇，有些城镇本身就是智慧景区。旅游环境社会复杂性是这类智慧景区的最大特点之一，这类智慧景区人口构成复杂集中，人为造成的安全事故如偷盗、欺骗、食物中毒等占较高比例，旅游安全事故具有较强的社会性，具体见表 3-2。

表 3-2　人文资源类智慧景区安全事故类型

景区类型	旅游活动	安全事故类型	事故举例
主题公园	刺激型娱乐活动（如海盗船、蹦极），家庭娱乐活动	设施、设备事故类，游客健康突变类，盗窃类等	停电、撞伤、心脏病突发、儿童走失等
度假区	休闲、疗养、会议、冲浪、潜水、一般性观光	食物中毒类，欺骗、盗窃类，水域设备类、火灾类、恐怖事件类等	食物中毒、游客财物被盗、爆炸等

续表

景区类型	旅游活动	安全事故类型	事故举例
首都、城市	购物、参加会展、参观（博物馆、植物园、古建筑等）	购物欺骗类、市内交通事故、暴力抢劫、迷路、盗窃、食物中毒、健康突变、火灾类等	购买到假货，儿童走失，食物中毒，游客财物丢失等
成熟的旅游中心地	一般性观光、美食、刺激型娱乐活动、参加节庆活动、家庭度假、放养动物、购物	盗窃、暴力、抢劫类，食物中毒类，健康突变，欺骗类，设施、设备事故类等	食物中毒类，撞伤或摔伤，购买到假货等

（二）智慧景区安全事故的防范方法

旅游事故多为游客人身伤亡和财产损失，除了直接冲击旅游企业和脆弱的地区旅游经济外，还可能对国家形象和国际关系产生影响。正因如此，采取各种措施进行防范和控制，使旅游安全事故降到社会能接受的程度也就显得格外重要。

1. 安全预警系统

安全预警系统由智慧景区信息系统、宣传教育部门、市场营销部门等构成，其主要任务是发布智慧景区安全管理法规、条例，以及教育、培养智慧景区从业人员、游客、智慧景区居民的安全知识和意识，提高游客的安全防范能力。具体的工作内容包括：

（1）针对智慧景区内游客流动性大的特点，当地旅游管理部门可以配合治安管理机构在车站、码头、旅馆等游客集散地设置安全宣传栏和发放安全宣传手册，在事故频发的偏僻智慧景区地段设置安全宣传橱窗与告示牌，提醒游客在旅游过程中的注意事项及突发情况下的应急措施；也可在导游图等旅游宣传手册上介绍智慧景区的安全保障情况和游览注意事项，以提高游客的安全意识和自我保护能力。

（2）对智慧景区的居民进行深入的普法教育，提高他们的法制观念和守法意识。

（3）在智慧景区旅游旺季到来之前，进行有针对性的反营销宣传活动，从减少旅游需求方面着眼，着力降低景区旅游旺季的高峰流量，将游客量控制在景区所能承受的旅游饱和范围之内，以此减轻智慧景区巨大的环境保护和安全保障压力。

（4）智慧景区的信息部门、旅游宣传机构应与当地治安管理部门加强在执法与安全信息发布方面的合作，同时争取智慧景区内其他各部门广泛的理解、支持和参与。

2. 安全控制系统

安全控制系统是由智慧景区安全管理队伍及其相应的一系列防控、管理活动组成，它包括智慧景区旅游警察及其工作，智慧景区联合治安执法队伍及其工作。具体的工作内容包括：

（1）对智慧景区内的各种经营活动进行监督与管理，加强对智慧景区内业主特别是个体业主的安全防控与管理，防止和杜绝出现强行兜售商品、欺客、宰客等现象。

（2）设置智慧景区治安管理机构和配备专业人员，加强智慧景区的治安管理，防止并控制智慧景区内违法事件的发生，保证游客的人身、财产安全。

3. 安全保障系统

安全保障系统由智慧景区安全管理的政策及相关法规条例、智慧景区安全救援系统、智慧景区安全资料与档案和旅游保险等内容构成。

（1）智慧景区安全管理的政策及相关法规条例，包括国家、地方颁布的安全管理法规条例和景区自己制定的相关制度与规定。

（2）智慧景区安全救援系统。智慧景区应设置能快速反应和进行施救的景区安全救援系统。安全救援系统由智慧景区和社区的医院、消防、公安部门组成。

（3）智慧景区安全资料与档案。这是智慧景区安全管理的依据和借鉴，要对智慧景区安全事故的类型、发生规律进行研究和总结，形成资料，用于开展智慧景区安全管理工作的指导；要对智慧景区的资源安全、环境安全、卫生安全、食物安全、商业经营安全进行调查与统计，以便进行防控与管理；

要对景区内的设施设备安全进行跟踪与记录，有利于对设施设备的维护和保养，保证设施设备的安全。

（4）旅游保险。要在智慧景区内实施保险制度，建立健全游客人身、财产保险制度，加强旅游保险的宣传与教育，引导和提倡游客购买旅游保险，提高安全防范和自身安全保险的意识。

（三）智慧景区安全事故的处理方法

1. 火灾事故的处理方法

火灾是智慧景区比较常见也是危害较大的安全事故之一，智慧景区发生火灾事故可按以下方法处理：

（1）组织灭火。发生火灾的单位或发现火情的人员或单位应立即向报警中心报警，讲清失火的准确部位、火势大小等。报警中心接到报警后，应立即报告总经理或总负责人，并根据总经理或总负责人的批示呼叫消防队并拉响警铃。报警中心应指示总机开始广播，告知火势情况，稳定游客情绪，指挥游客撤离现场。总经理或总负责人、安全部经理、工程部、消防队、医务人员等应立即赶赴火灾现场指挥救火。应迅速查明起火的准确部位和发生火灾的主要原因，采取有效的灭火措施，并积极组织抢救伤病员和老、弱、病、幼的游客。

（2）保护火灾现场。注意发现和保护起火点。清理残火时，不要轻易拆除和移动物体，尽可能地保护燃烧时的状态。火灾扑灭后，应立即划出警戒区域，设置警卫，禁止无关人员进入，在公安部门同意后再进行现场勘察并清理火灾现场。勘察人员进入现场后，不要随意走动。进入重点勘察区域的人员应有所限制。

（3）调查火灾原因：①查明原因，主要采用调查访问、现场勘察和技术鉴定等方法；②调查访问。主要调查对象包括最先发现火灾的人、报警的人、最后离开起火点的人、熟悉起火点周围情况的人、最先到达起火点的人、火灾受害人等，调查内容包括火灾发生的准确时间、起火的准确部位、火灾前后现场的情况等；③现场勘察，包括对火灾周围环境的勘察，对着火建筑物和火灾区域的初步勘察，对物证、痕迹的详细勘察和对证人的详细询问等；④技术鉴定。借助科学技术手段如化学分析试验、电工原理鉴定、物理鉴定和模拟试验等进行技术鉴定。智慧景区火灾发生的原因基本上可以分成三类：自然起火，如自燃、雷击等；思想麻痹、违规操作引发火灾；人为纵火。

2. 重大盗窃事故的处理方法

重大盗窃事故指发生在智慧景区内的游客或企业的大笔现金、贵重物品被盗事件或智慧景区贵重设施设备被盗事件。智慧景区安全部接到报案后，应迅速反应并及时处理。

（1）了解情况，保护现场。查明发现事故的经过，了解情况，采取切实有效的措施保护现场。

（2）向警方报案，划定勘察范围，确定勘察顺序。盗窃现场勘察重点是：①对现场进出口的勘察，因现场进出口是犯罪分子必经之地；②对被盗窃财物场所的勘察，被盗财物场所是犯罪分子活动中心部位，往往会留下犯罪痕迹；③对现场周围的勘察，主要是为了发现犯罪分子的线路和作案前后停留的场所有无痕迹、有无遗留物及交通工具痕迹等。

（3）分析判断案情，确定嫌疑人。经过勘察分析，判断案情，如果不是外来人员作案，即可在划定范围内，通过调查访问，发现嫌疑人。

第四节 智慧景区客流量分流的管理措施

一、限制客流量

客流量分流管理是消除安全隐患、提高游客满意度和扩大景区承载能力的一种方法，也是在很大程度上缓解旅游发展与保护生态环境的尖锐矛盾的重要手段。限制客流量，即在时间段内，控制景区中的人数，避免拥挤。在无法改变国民休闲和学生休假制度的前提下，景区游客分流必须从源头上遏制游园人数。当游客数量接近或已超过环境容量时，旅游景区就要开始考虑对游客数量进行限制。目前，不少景区借助信息化技术已经实现了电子门票，为游客提供快速进园的便利，也自身进行售票、验票、统计、查询等各方面的票务工作。

（1）抽签法。抽签法是指通过在有意访问旅游景区的游客群中采取抽签的方式来决定最终谁能够访问该旅游景区。这种方法实现了对游客数量的控制，不同的是资源配置的标准是不同的，抽签法主要以“运气”作为资源配置的标准，这种资源配置标准在大多数游客心目中会显得更为公平，从而也更易被接受。

（2）门票总量控制法。门票总量控制法需要旅游景区确定一个与日环境容量相对应的日售票量，每天的售票量要求不能超过这个确定的极限售票量，景区门口设立检票机，任何没有门票的游客都不允许入内。购买景区门票可以预订，但当前各景区主要采取排队购票的方式，也就是说，主要依据“先到先购”的原则来确定，用时间作为稀缺资源的配置标准。

二、调整景区门票价格

价格对于游客在时间与空间的分布上都是一只无形的手，无论是将价格抬高还是降低，目的都是错开人流高峰，在时间和空间上合理管理和分配游客流量。调整景区门票价，目的是鼓励游客在非高峰期进入景区游玩，错开人流高峰期。

针对不同时间段游客量的大小，在标准化的门票价格上做适当的调整。在游客选择意愿比较强的时间段，景区可以设定相对标准价更高的门票，相反在游客不那么看好的旅游时间段提供优惠低价吸引游客，这样就可以通过价格政策充分利用不同时间段，在时间上更好地管理和分配游客流。价格政策同样适用于在空间上管理游客流，可以在部分受冷落的景点设定更低的价格，提供价格优惠，起到促销的作用，吸引游客的眼球。

（一）门票提价法

作为一种门票控制法，门票提价法在当前国内的一些热门景区（如九寨沟、黄山、故宫等）中得到普遍应用，这些景区通过提高门票价格的方法来限制游客的数量，从而达到保护景区资源与环境的目的。

门票提价法在现实中能多大程度上实现旅游景区调控游客数量的目标却还要取决于旅游景区产品的需求价格弹性。景区产品的需求价格弹性主要取决于其被替代的难易程度和景区门票在整个旅游费用中所占比重等因素，如果该景区在旅游资源上具有举世无双的独特性，且门票价格在整个旅游费用中所占的比重较小，那么该景区产品的需求价格弹性将极小，门票提价对限制游客数量的作用将微乎其微。

由于门票价格是旅游者判断景区价值的一个标准，当旅游景区采用门票提价法时要考虑到游客的价格接受能力及其对旅游期望的影响，避免在提价达到控制游客数量目标的同时，引起景区游客满意度的下降。

（二）旅游费用折扣机会控制法

旅游费用成本的大小直接影响游客的出游决策，旅游景区可以通过控制旅游费用的折扣机会从而间接调控景区的游客人数。为了保持景区的吸引力以及促进当地旅游业可持续发展，当地政府以及旅游主管部门制定了一系列游客数量控制措施以有效地缓解巨大客流量所带来的负面效应，其中一项措施达到调控游客数量的目的。

例如“威尼斯旅游智能卡”，游客申请到就可以得到在威尼斯旅游的一系列优惠，包括威尼斯城内的博物馆、纪念馆的门票、机场到市区、市区内的公共交通费用，还包括去威尼斯公共厕所的费用。这种代表旅游费用折扣机会的“智能卡”的发行就可以成为调控游客数量的一个有效的工具。而“智能卡”的发行数量由威尼斯城市中心的旅游承载力决定，如果游客数量接近了当地旅游环境承载极限时，主管部门就会停止发行“智能卡”以抑制客流流入。

三、建立联动系统

景区建立旅游者流量控制联动系统，包括地方政府外部系统和景区内部系统，景区可建立包括门票预约、实施监测、疏导分流、预警上报和特殊预案在内的旅游者流量控制系统，并与地方政府一级总控制系统联动，通过自下而上、内外联合，对旅游者流量进行控制。

（1）门票预约。优先掌握旅游者流量，可以优化景区服务。

（2）实施监测。实时监控要求检测常态化、信息平台化、预案有序化，RFID、GPS 和北斗卫星等常被用来感应流量。依靠在数字化建设过程中安装的感应设备，不少景区均能及时掌握景区重点部位的现场情况，进行流量监控。

感应设备包括用于拍摄现场实景的电子摄像头和用于游客定位服务的无线射频设备，能够提供流量预警服务功能。

（3）疏导分流。疏导分流是各大旅游景区应对客流高峰做出最为常见的一种管理措施。当发现某个区域客流量剧增，或者在某些特殊的日子（如节假日、黄金周）以及大型活动，各大景区都有针对性地制定相应的特别预案。由于应急疏导带有强制性和被动性，因此，一方面在高峰时期通过增加管理人员来提高服务质量，给管理单位带来管理压力；另一方面，会对部分敏感的游客带来不适的感觉。

（4）预警上报。为了减少应急疏导对游客带来的不适、提高景区管理人员的效率，下一步的改进可以借助计算机仿真技术对游憩行为所引起的客流分布情况进行模拟、预测以及前摄管理。实施游客数量预警措施，景区应该安装游客数量监控设备，实时进行人流量状况监控，当游客数量接近拥堵的警戒线的时候，开始实施预先设计的预案。不要等到拥堵发生或者滞留发生后才采取措施。预案应该根据不同的人流量状况及可能发生的拥堵程度来分别设计，不应该只有一种预案，以提升预案的适应力。

景区运用多种渠道及时发布预警信息，有效防范和遏制涉旅突发事件发生。景区内旅游者数量接近最大承载量时应当向社会公告并同时向当地人民政府报告，同时在当地人民政府的指挥、指导、协助下，配合景区主管部门和旅游行政主管部门启动应急预案；景区内旅游者数量达到最大承载量时，立即停止售票，向旅游者发布告示，做好解释和疏导等相关工作。

（4）特殊预案。特殊预案针对特殊情况，如自然灾害的人员紧急疏散，突发疾病的紧急就医等。

四、重视游客管理意识

游客管理是客流量分流管理的事前方法，是指组织和管理游客的行为活动，通过调控和管理来强化旅游资源和环境的吸引力。游客管理是保障旅游景区正常运转的基础，游客管理可以减少游客因不文明行为对景区资源和环境的破坏，倡导文明的社会文化氛围，可以保护旅游资源、优化游览环境、保证游客心情畅快，从而提升游客的满意度，促进景区管理目标的实现，在提高游客的满意度和体验质量的同时实现对旅游景区资源的可持续发展。

由于当前我国旅游业的发展仍以经济效益为导向，游客管理很大程度上决定了旅游目的地的发展，合理的管理对旅游景区的维护管理起到重要作用，在保护旅游环境的同时提升了文化环境内涵，实现旅游景区环境、社会和旅游目的地经济的可持续最大化发展。

旅游目的地的管理者应当重视游客管理，将其纳入旅游目的地的日常管理范畴，并针对游客管理存在的问题，找寻相应对策，合理科学规划景区、完善配套设施、加强对从业人员的培训与管理、进行人性化管理等。

五、游览的指引线路

对于自助游来说，虽然景区会提供纸质地图，依然会走弯路和重复路，浪费游览时间，造成拥堵。

对于团队游来说，导游为了使游客在最短的时间内获得最大的旅游体验，在引导游客参观游览设计时，通常会选择具有代表性的宫殿、场所进行选择性参观，从而节约游览时间。这样一来，游客行进线路是旅行社、导游利益驱动下的选择，这种统一“安排”使得游览线路相对固化，在一定程度上也会加重景区拥挤的程度。

从线路指引角度出发，改善景区拥堵的措施：完善辅助服务设备方便散客自由游览；旅行社设计多样化旅游线路，方便灵活调整；旅行者提前搜集出行信息，制定合理的游览线路。

对于散客来说，自助线路规划服务，可以让游客进入景区开始配备智能导游终端，景区监控调度中心就能把每名游客的位置信息、景区拥堵信息、线路规划推荐等实时反映给游客，让游客自主选择游览。

第四章　智慧景区电子商务系统及数字景区建设

第一节　智慧景区电子商务的体现

一、智慧景区电子商务的发展概况

旅游电子商务是通过先进的信息技术手段改进旅游机构内部和对外的连通性，即改进旅游企业之间、旅游企业与供应商之间、旅游企业与旅游者之间的交流与交易，改进企业内部流程，增进知识共享。

智慧景区电子商务是旅游电子商务的重要组成部分，是电子商务在智慧景区管理中的应用，其本质是以智慧景区为核心，通过先进的信息技术手段改进智慧景区的内部管理，对外（包括旅游者和其他旅游企业）进行信息交换、网上贸易等电子商务活动。智慧景区作为旅游市场这个大系统的重要单元，它与整个市场系统必须保持密切的输入、输出（I/O）关系，并进行大量的资金、服务、信息等的交换。智慧景区电子商务的应用是通过旅游市场这一媒介而起作用的具体涉及两个方面，即旅游产业市场和旅游（者）消费市场。

在旅游产业市场方面，智慧景区电子商务可以促进旅游资源整合实现智慧景区规模效益。智慧景区的开发会催生大量相关的旅游企业如酒店、旅行社、旅游交通等，然而这些企业普遍存在着规模小、整体服务质量低、市场竞争无序等问题，通过开发旅游电子商务，可有效地缓解旅游信息的不对称，增加市场透明度，整合旅游资源树立旅游服务品牌，实现产业链的整合和优化；智慧景区电子商务还可以降低智慧景区的运营成本，提高市场营销效率。为拓展业务，增进与协作企业间的共同发展，智慧景区必须与各业务相关者保持密切联系，智慧景区电子商务系统可以顺畅地进行交流沟通而且费用低廉，从而有效地降低智慧景区的营销成本；通过电子商务系统提供的先进平台，智慧景区能够广泛地搜集各类信息，如旅游者需求动向、相关旅游企业情况、旅游市场热点等，同时也可以将自身信息如服务项目、营销活动等及时迅速地传播出去，不但提高了信息传输的通达性，还具有传统媒体不具备的交互性和多媒体性，可以实时传送声音、图像、文字等信息，直接为信息发布方和接收方架设起沟通桥梁，促进了智慧景区市场交易效率的提高。

在旅游消费市场方面，智慧景区电子商务可以满足旅游者个性化需求，提高旅游自由度。当前个性化、零散化的旅游消费正逐步取代传统的团队旅游，智慧景区电子商务可以全天候跨地域地为散客旅游者提供智慧景区预览和决策参考信息。旅游者可以通过互联网提供的可视、可查询、可实时更新的信息搜寻自己需要的旅游产品；智慧景区可以在与潜在旅游者交流沟通的基础上根据旅游者个人偏好和要求设计旅游产品，提供个性化的旅游方案，使旅游者获得更大程度的满足和被重视的心理好感为企业赢得更多的利润空间。另外智慧景区电子商务的应用将有效地改善诸如旅游者在智慧景区进行旅游活动时，因为跟团旅游导游服务质量差、旅游者行为受到约束等问题。旅游者可以通过互联网，根据自身需求设计适合自己的路线、逗留时间，减少各种不确定因素提高旅游活动的自由度，使旅游者充分享受智慧景区的优质服务，获得美好、舒适的旅游体验。

近几年，随着国家号召智慧景区的建设，景区电子商务也获得了进一步的发展。目前景区电子商务主要是通过网络销售门票，以及预订景区内的饭店产品；通过网络开展营销和促销，主要是网络广告的形式，少数景区已开展搜索引擎的网络营销。由于景区存在各种形式，组织机构不同，如自然保护区开发的景区、世界自然遗产的景区等，因此景区电子商务目前还没有一个固定的模式，尚处于探索之中。

二、智慧景区电子商务的技术体现

智慧景区电子商务应用的关键是信息通信技术的基础设施，经过原建设部开展数字景区建设的推动，近年来景区的电子商务发展迅速。一些大型景区开始利用信息技术系统为经营管理服务，如利用 GIS 和网络技术对景区进行生态监测和安全管理，也有利用多媒体技术进行景区背景音乐广播和应急指挥系统建设，更多的是利用电子技术和网络进行景区检票自动化和销售管理，以及利用计算机技术系统进行景区办公的自动化，一些网络中介服务商帮助景区开展电子分销等。因此，智慧景区的信息通信技术应用以及电子商务已成为景区竞争力的重要标志。

（一）智慧景区信息通信技术的应用范围

信息通信技术应用是开展电子商务的基础，在研究景区电子商务应用现状时，必须首先明确景区区信息通信技术应用的范围及应用概况。根据我国景区应用的调查分析，信息通信技术主要应用在以下五个方面：

（1）景区安全管理。景区安全管理是应用 ICT 比较早的内容，如游客的安全、景区管理人员的安全以及景区设施财产的安全（防火、防盗）等，主要是用电子监控系统来防范这些安全问题，电子监控系统的图像信息可以接入到景区办公自动化系统（OAS）或地理信息系统（GIS）中。

（2）景区管理。景区管理主要涉及经营管理、生态管理、环境管理、人力资源等管理，这些管理都有对应的信息技术系统。如景区的经营管理系统、景区生态预警系统、人力资源系统、地理信息系统、OA 系统等。这些系统经过整合，可以形成集成化的景区办公自动化系统，实现对景区日常管理工作，包括生态管理、环境保护、人力资源管理、景区资源管理的电子化。

（3）商务管理。商务管理主要通过商务网站、电子商务系统来实现，也可以通过旅游电子分销系统来实现。景区的商务管理开始都是简单的销售系统、电子门禁系统、网站系统，这些系统功能逐步完善，并整合成完整的电子商务系统。电子商务系统与各种电子分销渠道进一步整合，就可以形成景区的商务网络，实现业务的无缝电子化管理。

（4）客户管理。目前景区的客户管理主要是合作伙伴，如旅行社客户的管理，因为景区的门票是不记名的。随着电子门票的应用和开展，每个电子门票都对应有客户的记录，客户管理就包括了所有的散客和网络客户。景区客户管理主要通过客户管理软件来实现，可实现对旅行社客户的管理、重点客户的管理、企业散客的管理以及普通消费者散客的管理。通过对客户的分类和精确管理，可以实现更个性化的营销或一对一营销，提高景区经营的收益率。

（5）服务管理。利用ICT开展景区的服务管理将成为常态，包括旅游服务、咨询服务、导览服务等。采用的技术或网络主要是移动互联网和社交网络等，如微信的景区服务公众号等。通过这些服务可以提高景区的服务效率，提高游客游览的满意度，也增加了游客游览中的舒适感。特别是以度假和休闲服务为主的智慧景区，这种基于ICT的服务可以招揽需要个性化服务的游客群体。

（二）智慧景区信息通信技术的应用概况

1. 监控系统

伴随着社会经济的飞速发展，风景名胜区接待游客数量逐年攀升，由旅游带来的一些安全问题也随之产生。尤其每年旅游“黄金周”的时候，安全事故频频出现，引起了景区管理部门的重视，景区安全监控系统成为信息通信技术应用的首选。该系统主要是在景区各个重要位置设置监测点，实现对全景区重要景点及景点出入口等重要位置进行远程监控。景区监管人员只需要在监控中心控制监控系统。通过监控系统软件调看景区任意监控点的现场情况。这种方式可以实现对景区现场实施全天候、全方位24小时监控及人员流动的记录，达到加强现场安全监督和安全管理，以提高旅游服务质量的目的。景区监控系统的作用具体体现在以下方面：

（1）加强安全状况监控。由于旅游过程中，容易发生各种意外事件，如游客被偷、天气炎热的时候游客中暑、景区发生恶劣天气、景区意外停电、突发灾情等，通过安全监控系统，监控中心可以在事件发生的第一时间，甚至提前预警景区内服务人员和游客，从而有利于景区及时有效地处理安全事件，完善景区安全制度和紧急救援机制。

（2）控制人流量和车流量。通过远程监控，了解各个景点的游客流量，就可以引导人满为患的景点的游客到相对空闲的景点去游览，实现引导分流。从而降低热闹景点的安全隐患，也提升了游客的游览质量，可以有效减少“人看人”的旅游体验。同时，由于景区内停车区域有限，通过监控系统，可以清晰地掌握当前各个停车场的停车状况，引导新进车辆的停放，通过监控和调度，让智慧景区有限的资源发挥出最大的效益。

（3）监控游客的不文明行为。在很多景区，一些游客会有一些不文明的行为：进入禁止入内的区域；在景区内留“某某到此一游”的纪念语；在禁止拍照的区域留影等。一些景点遭受到游客的毁坏，但是景点管理工作人员却全然不知，以致要经过很久的发现。景点的损坏不仅给景区自身带来了经济损失，也影响了其他游客的观赏效果，从而给景区带来负面效应。

2. 公共广播系统

公共广播音响控制系统是比较常见的景区 ICT 的应用，公共广播控制系统，它主要包括背景音乐控制和紧急广播功能，通常结合在一起，平时播放背景音乐或其他节目，出现火灾等紧急事故时，转换为报警广播。平时，游客在景区或者休息室时，经常可以听到轻柔的背景音乐。背景音乐的主要作用是营造轻松愉悦的环境，可以有效掩盖景区噪声并创造一种和谐的气氛，有利于提升游客的旅游体验。

在为游客提供轻松愉悦氛围的同时，景区还可以通过公共广播系统进行业务信息播报。例如，一些景区每天会有定期的节目表演，就可以通过广播系统进行播报。当有些地方游客过多，而有些地方游客又比较空闲时，就可以及时通知游客有选择地进行游览，可以避免游客长时间的排队等待时间。当紧急情况发生时，由系统提供指令，使广播系统处于紧急广播状态。此状态除了能播放预先录制的紧急广播内容，而且还可以通过话筒播放警示信息，指导游客安全疏散。可靠的公共广播系统，在很大程度上反映了景区的现代化水平和服务水准。

3. 电子导游系统

随着科学技术的进步，景区的导游系统也从最初的以声音为载体的口头讲解或是以书面纸张为介质的手册、导游书、宣传册等，发展到以文字、语音、视频为载体的电子导游系统。游客可在游览过程中，通过景区内的触摸屏或音像室直接获取景区游览路线和景点解说信息，从而提升旅游体验，对景点也可以获得更直观、全面、深刻的了解。

同时，随着无线技术的日趋成熟，景区出现了无线可移动式电子导游器，无线电子导游器可以通过覆盖景区的无线网络，根据游客所选择的游览线路和当前位置，实时获得电子导游系统提供的每个景点的解说信息。例如，北京天坛公园和故宫就引入了智能导游讲解机。这种智能导游系统还可以进行多语言向动讲解功能，包括汉语普通话、粤语、英语、法语、德语、日语、韩语、西班牙语等，受到了散客游客，特别是外宾散客游客的欢迎。

4. 电子门检票智能系统

景区电子门检票智能系统是经营管理中的主要技术系统，它的主要功能是实现计算机售票、验票、预售、查询、汇总、统计、报表等检票控制管理，不仅可以提高售票和检票效率、降低操作成本，还可以有效地掌握未来门票销售情况，实施全方位的门检票实时监控和管理该系统和门禁系统的结合，景区管理人员可在电子门检票系统的操作平台上实时查询入园游客数量、在园游客量等数据，尤其在旅游高峰期间，可方便管理人员控制流量，适时调配服务人员。

同时，电子门检票系统还可统计多项附加信息，如关于客源市场的统计，可以准确到游客来源于哪个国家、哪个城市等，便于景区对客源地区分布、每日客源预测等分析，以及历年同期客源进行对比分析，以制定未来相应的营销计划。

5. 景区商务网站系统

目前，景区商务网站系统的应用是较为普及的。通过景区商务网站，景区可以向游客展示自己独特的景区风景资源，扩大了景区的营销范围。游客通过搜索引擎，就可以找到景区的相关信息。例如，游客只需要在搜索引擎上搜索云南石林，就可以很快找到云南石林世界地质公园。游客在足不出户的情况下，就可以领略到独特的石林景观。

功能较为完善的景区商务网站，一般都包括在线预订。旅游者登录网站并注册后，可以直接在线预订，通过填写标准化的表单内容，并备注个性化的要求，甚至可以直接支付票款，预订完成后，商务网站会提供预订号码，凭该号码，游客可以直接进入景区。网络售票减少了导游、游客和售票员点钞、验钞、问题交涉等环节，在同样的条件下，购票耗时不到 1 分钟，加上排队，平均不到 3 分钟就能购买到门票和观光车票。

6. 景区生态预警系统

由于风景名胜区的自资源非常珍贵，一旦遭受破坏就无法再生。所以，如何在景区获得经济效益的同时，不会对环境造成不可恢复的破坏，是业内人士一直在探讨的问题。

目前，景区利川较多的是卫星遥感技术、地理信息技术等。通过这些技术对景区内的生态环境（含地形地貌、地质构造、植被覆盖、水体变化）进行动态监测，从而对景区的生态环境保护和科学管理提供辅助决策依据。为了更有效保护生态态环境，生态预警系统通过信息技术、通信技术、网络技术等，对大气、水、森林、地质等信息进行收集，以生态信息为基础建立资源数据库，并对环境数据进行评价分析，实时掌握景区自然资源的动态变化趋势。例如，通过生态预警系统对景区内的森林植被进行检测，通过卫星遥感影像和数据传输，景区管理人员可以准确地掌握森林分布及其可能发生的各种灾害。通过有针对性地对大气、水质、地质、防病虫害等进行分类监测，可以有效掌握环境的变化。一旦所检测的值临近或者超过警戒线，景区生态预警系统就会发出警报，以便景区管理人员及时采取措施，从而实现景区环境效益和经济效益的和谐、可持续发展。

第二节　智慧景区电子商务系统的构建

在景区的经营管理实践中，智慧景区电子商务系统的建立和实施是一项长期工程，它随着信息化工程的推进而不断完善。因此，建立完整的电子商务系统需要人力、物力及资金的不断投入和支持。在开展电子商务的时候，景区的经营者需要进行战略谋划，对电子商务的系统架构和功能进行全方位的设计和定位，形成一个总体构建框架，这样在后续整合的过程中就不会导致系统的重复建设和资源浪费。

一、智慧景区电子商务系统的体系结构

电子商务系统的体系结构一般是指软件结构，尤其是业务处理的应用软件体系，它是体现业务处理方面的竞争优势的重要内容。

（一）软件的结构模式

目前在软件架构的设计方面，主要有 C/S 结构和 B/S 结构两种形式，这

两种体系结构各有其优缺点，在不同的行业都有应用。下面对这两种结构的基本概念进行分析。

（1）C/S 结构模式。早期的信息系统很多是基于 C/S 结构（即客户端 / 服务器模式）的，它是一种传统网络的软件架构。在这种模式中，服务器是网络的核心，客户机依靠服务器获得所需要的网络资源。这种模式的优点是可以充分利用客户端和服务器两端硬件环境的优势，将任务合理分配到 Client 端和 Server 端来实现，降低了系统的通信开销。其缺点是，客户端需要安装专用的客户端软件，系统的维护工作量大，并且万一某台电脑出问题，如病毒、硬件损坏，都需要重新进行安装或维护。C/S 软件结构有两个层面：第一层是应用程序，用来完成数据的表示和输入输出的处理逻辑；第二层是应用服务器，应用程序通过数据库管理系统（DBMS）接受来自客户端程序的数据访问，同时负责完成数据的处理、存取和管理。

（2）B/S 结构模式。随着互联网的发展，企业外部业务、客户服务等处理业务越来越频繁，以往的 C/S 变得无法满足业务处理开放性的要求，于是就出现了 B/S 型模式（即浏览器 / 服务器结构）。在这种结构下，用户可以通过 WWW 浏览器去访问应用服务器上的应用软件，应用服务器再与数据服务器产生连接，完成数据处理中的数据交换要求。这种结构模式大量的数据实际存放在数据库服务器中，当产生业务处理才会访问到该服务器。客户端除了 WWW 浏览器，一般无须安装任何应用程序，只需从应用服务器上下载程序到本地来执行，在下载过程中若遇到与数据库有关的指令，由 Web 服务器交给数据库服务器来解释执行，并返回给 Web 服务器，Web 服务器又返回给用户。B/S 结构可以很好地实现不同的人员，从不同的地点，以不同的接入方式（如 LAN、WAN、Internet/Intranet 等）访问和操作共同的数据库。基于 B/S 结构的系统多数采用三层体系结构。对于用户来说，其应用比较简单，因为在客户端不需要安装任何软件，这也减轻了系统的维护工作量，有利于利用网络实现业务的扩展。不足的情况就是该结构模式是开放型的，还存在一些安全问题，但可以预言未来的应用软件结构必定是 B/S 结构，因为它符合电子商务的发展方向。为了解决安全问题，目前 B/S 结构已经出现了四层结构，重要的电子商务系统应采用四层 B/S 结构模式。

（二）智慧景区电子商务系统的层次结构

目前，大多数智慧景区电子商务系统软件都采用三层的 B/S 结构模式在软件功能设计上，采用电子商务系统常用的层次结构，这也是目前比较常用的软件结构。它把应用程序的功能分解到三个逻辑层中：表示层、业务层、数据层。旅游者通过浏览器向客户端发出请求（如查询某一景区景点的价格），然后 Web 服务器上的应用程序分析请求后向数据库发出数据查询请求，数据库将准备好的数据回发给 Web 服务器，Web 服务器再将结果以 HTML 代码的形式来响应浏览器的请求，从而实现一个完整的业务请求和响应过程。

1. 表示层

表示层包含站点中的用户界面元素以及管理访问者和景区内部系统之间的交互的所有逻辑。

表示层主要是接受消费者的请求和咨询，实现与消费者信息互动，并把产品信息展示给消费者。同时接受消费者的商务请求，如预订产品、支付费用等，实现一般商务的操作管理。该表示层的设计特点主要是界面友好、响应速度快且互动性强，而且具有良好的容错能力。让一般的消费者能够自如地操作，稳定地处理事务性业务。

2. 业务层

业务层（也称为中间层）负责接收来自表示层的请求，并根据它包含的业务逻辑给表示层返回一个结果。

业务层是电子商务系统的核心功能部分，主要由业务处理系统、产品管理系统、业务与订单系统、销售和营销系统以及业务分析系统等组成。业务处理系统主要考虑处理的能力、吞吐量和处理速度等问题；产品管理系统主要管理景区及周边所有可销售的产品，主要考虑展示方法和技术；业务与订单系统主要是订单的管理，包括分类、确认、汇总等处理；销售和营销系统主要包括如合同管理、价格管理、销售管理以及营销和促销管理等，设计考虑的问题主要是销售的个性化，以及营销方法和效果评估等；业务分析系统主要是对销售情况进行分析和预测，以指导销售和营销工作的开展，其设计特点是体现数据挖掘和智能化分析。

业务规则层在设计中还需考虑景区 B2B 业务和 B2C 业务的不同特点，尤其在业务处理系统设计方面，体现 B2C 业务的个性化要求以及灵活性要求。

3. 数据层

数据层（有时称为数据库层）负责存储应用程序的业务数据，并在接收到请求时，把这些数据发送给业务层。

数据层主要考虑不同系统间业务数据的实时交换，它主要考虑经营中的业务数据实时交换，客户数据记录与实时交换，与外系统，尤其是其他应用系统的数据交换等。数据层中的外联数据主要是与其他应用系统的数据交换，如景区与旅行社系统的数据交换、与代理商之间的业务数据交换等。数据层的设计特点主要是数据交换的安全性以及业务数据的一致性。

二、智慧景区电子商务系统的工作内容

（一）智慧景区自身的电子商务内容

（1）商务网站。商务网站是景区电子商务系统中的重点内容，是系统的窗口，如何利用在线的商务网站展示景区资源并吸引旅游消费者是系统建设的关键所在。景区商务网站是景区对外展示形象、进行网络营销的重要平台，也是景区与协作伙伴之间业务合作的平台，更是景区对客服务延伸的平台。对于一些小规模的景区，在没有实力构造综合性的智慧景区电子商务系统的情况下，构建一个在线网站却并非难事，可以很容易地将景区信息、景点资源和相关服务展示出来。例如景点介绍可以配上实景照片、相关文字及多媒体宣传片等。作为商务性网站，网上公布的所有信息必须真实、准确，具有时效性。同时，商务网站还可以设计对浏览者进行网络浏览跟踪，详细记录浏览者的访问行为及相关信息，例如浏览内容、去向、订单情况、旅游评价、旅游投诉等。商务网站还可以设置虚拟交流社区，可以鼓励旅游者写游记，并可以积极和游客互动，弥补游客游览过程中景区服务存在的不足和过失，从而实现互动交流，培育景区的忠诚客户群体。

（2）客户管理。为了提高客户满意度，景区需要提高个性化服务能力。提供个性化服务的前提是需要掌握景区各种类型的旅游消费者信息。旅游者信息主要包括个人基本信息、联系方式、订单历史、游览记录、投诉等内容。这些信息的收集，可以让景区在提供客户服务时能够做到有的放矢，对提高

服务质量与降低服务成本都大有裨益。在此基础上，应用数据仓库和数据挖掘技术进行信息数据统计与分析，以实现智能营销。景区客户有散客和企业客户两种，景区应逐步建立客户关系管理系统，以实现对客户的自动销售、自动营销和实施个性化的关怀。

（3）电子票务。电子票务是智慧景区电子商务系统中重点建设的内容，如电子票销售、电子检票、电子票管理等。电子商务系统需要为景区的合作伙伴、代理商提供电脑预订和售票系统。游客及旅行社根据网上预订标号凭身份证或条码即可直接进入景区，省却排队等候时间。景区中各景点进行自动电子检票，从而可以实时掌握各景点游客数量，及时生成相关的统计报表，为景区管理快速提供基础数据。目前已经有很多景区实现了自动检票售票系统，游客的门票逐步实现了电子化，提高了景区业务管理和业务统计方面的效率。

（4）网络营销。网络营销是智慧景区电子商务系统的主要内容之一，景区希望通过网络营销能获得稳定的客源。一般景区可以通过自己的商务网站开展营销，也可以通过网络中介商、综合性旅游网站、各类门户网站等开展营销。也可以和搜索引擎服务商合作，开展搜索引擎营销。景区在开展网络营销时，需要在营销内容、营销方法、营销渠道上进行精心规划和设计，以达到最佳的网络营销效果。

（5）环境监控。环境监控是通过整合集成到电子商务系统中来，目的是让景区管理者及时了解景区环境的变化，同时向旅游者提供景区正确的生态信息。景区资源是稀缺的，而且往往不可再生，所以保护景区生态资源，实现景区可持续发展已经成为现代旅游业的重要主题。电子商务系统需要对景区的自然资源进行监控，一些自然环境发生变化时，系统能够发出报警，提示环境管理者关注或采取相应的治理措施。同时，还需要对景区各个景点的环境安全和游客人流量进行监控，遇到异常情况时，能够报警，并迅速确定报警位置，提示管理人员采取救护措施。

（6）电子支付。随着在线订票业务的发展，电子支付也逐渐成为电子商务的核心内容之一。电子支付已经成为景区电子商务中不可缺少的内容，如与旅行社的业务结算、代理商之间的业务结算，都可以通过网络直接按合同规定要求定期自动的电子结算。对于散客也可以通过各种形式进行电子支付，如信用卡、借记卡、智能卡等。各种支付方式都是采用数字化的方式进行款项支付的，避免了以现金和现金流转支付的不便，提高了支付的效率。景区可以和银行合作，或者跟第三方电子支付平台合作，实现票务预订的电子化支付。

（二）智慧景区与合作伙伴之间的电子商务内容

景区的合作伙伴主要是旅行社、代理商或旅游服务公司等企业，也包括一些饭店企业。电子商务系统的建设必须考虑这些合作伙伴之间的业务电子化问题，目前主要包括业务的查询、预订、支付以及相关的业绩分析等。

（1）在线查询、预订和支付。合作伙伴的电子商务与景区的电子商务系统可以对接，实现业务相关的在线查询、预订和支付相关的操作。通过对接，为景区分销电子门票或其他相关旅游产品，并进行相关的营销和会员服务。对于合作伙伴而言，通过电子商务系统，可以充分利用旅游产品的无形性特点，实现门票预订、线路预订的自动化，以此提高操作效率，降低操作失误。合作伙伴的商务基本需求包括景区景点信息的查询、历史订单的查询、景点门票的在线预订以及在线支付功能等。

（2）合作伙伴业绩分析。电子商务系统可以及时分析各合作伙伴业务开展的业绩情况。由于景区的门票销售很大程度上依赖旅行社、代理商以及旅游网站等第三方机构，需要及时评估选择更有价值的合作伙伴。另外，对景区而言，需要对这些销售、分销渠道进行有效的管理，以分析不同合作伙伴对景区产生的不同贡献值。更进一步，电子商务可以进行差异化合作，以提高景区的经营效益。电子商务系统需要能够对各类合作伙伴进行定量的业绩分析，保持景区的合作伙伴能不断改进业务，提升销售。

（三）智慧景区与旅游者之间的电子商务内容

（1）信息查询。游客旅游动机大多数与景区有关，游客需要了解景区的吸引力在哪里。游客在旅行出发前，需要获取确定的信息，因此智慧景区电子商务系统需要通过商务网站窗口提供翔实的景区信息。例如，通过网站可以对景区的常规旅游线路进行介绍、周边交通情况进行介绍，以及景区内各个景点、景区内饭店、景区周边的购物环境、银行等信息做介绍，以便游客的查询。游客往往关心的是景区的吸引力、交通便利、周边住宿价格以及餐饮特色等内容。

（2）在线预订和支付。在游客确定好行程后，可以直接在景区网站注册登录，进行景区门票的预订，以及相关饭店住宿、餐饮、车辆出租等旅游产品和服务的在线预订和在线支付。预订完毕后，系统将产生预订单号或者电子门票。通过预订单的条码，游客在进入景区时，直接报预订单号就可进入景区，无须等候买票及付款。景区也可以用电子门票，游客直接在家里打印出门票，凭着电子门票上的特殊条码进入景区游览。由于目前景区还没有进入的限制，因此，网上销售景区必须采取一些优惠，以吸引旅游消费者通过网络购票进入景区，逐步推行景区的电子票务，真正实现电子旅游。

（3）游客反馈。随着网络的发展，出现了很多论坛、博客、微博等社区。景区在商务网站建设中应开辟一个供游客交流的社区，游客游览景区后，往往有很多感想，他们喜欢把这些感想发表到网络中，与其他网友共享。携程旅行网上的游客游记、住宿体验等，就是一个非常好的例证。旅游者在网上发表自己的体验、见解，有利于形成景区的忠诚客户群体。景区商务网站作为游客产生感想的发源地，通过引导游客们在自己的网站发表旅游体验，可以汇聚相同爱好者的游客群体。这种通过网络的游客反馈，共享旅游中的美好体验，则可以产生良好的网络口碑。对于不满的反馈，则可以引起景区重视，了解其产品和服务存在的不足，从而不断完善景区的产品，有利于景区服务的不断提升。

（四）智慧景区与政府部门的电子商务内容

智慧景区的自然资源归属于国家所有，并且智慧景区属于稀缺的不可再生资源，保护其现有状态的价值目标至关重要。智慧景区的管理涉及众多的国家管理机构，往往有十几个政府部门参与管理，如安全管理部门、环境保护部门、旅游管理部门、建设管理部门、林业管理部门等。政府部门需要对景区的经营发展现状有所了解，需要对景区的一些经营数据进行统计分析。

在设计景区电子商务系统时，也需要考虑到它们的需求，能够使景区和政府管理部门之间进行数据文件的电子交换，以便对其所需要的数据进行查询、上传和统计分析，也可以把相关文件指令迅速下达到景区的管理部门。

三、智慧景区电子商务系统的建设要点

智慧景区电子商务系的建设是一个庞大的系统工程，需要许多基础管理

工作的支持，因此需要以点带面、由大（景区）到小（景点）逐步开展，不能急于求成。

第一，统一的数据平台。景区电子商务系统是一个集成信息系统，其集成最终是数据的集成，因此需要一个统一的数据库平台。电子商务下各种数据要求能够顺畅流动，因此必须统一各种数据的格式。由于景区前期进行信息化时，会产生各种不同的系统，如 OA 系统、门票系统、财务系统、监控系统等。这些系统都是景区在不同的时期逐步发展而来的。构建景区电子商务也是一个逐步建设的过程，不可能将之前的所有系统推倒重建，只能在此基础上进行整合和集成。各个系统有着自己的数据格式和运作流程。不同的数据标准会给电子商务系统的整合带来非常大的障碍。所以，着手建立电子商务系统时，必须对原有的数据平台进行整合，对原有的操作流程进行整合，努力建立起统一的数据标准交换平台。在无法完全统一的情况下，可以考虑对各个系统开发接口系统，实现不同标准编码的转换，以间接实现数据标准的统一。数据平台是建立电子商务系统的基础，也是消除信息孤岛不可缺少的。

第二，匹配的业务流程。电子商务系统的实施能否取得成功，除了相关的技术因素之外，更大的因素将取决于电子商务系统和景区业务操作的实际匹配和结合程度。因此，景区管理者不能简单地把电子商务系统的建设丢给 IT 部门，把电子商务系统的开发完成作为项目的完结。电子商务系统中解决的商务问题应具备一定的前瞻性，用长远的眼光来规划景区引人电子商务的过程，将电子商务提高到企业战略层面，才能在竞争中具有竞争优势。因此，业务流程的整合必须在规划电子商务时就要考虑，对于可以用电子流程自动处理的管理部门坚决合并。

第三，结合景区实情，逐步发展。电子商务系统的建设不是一蹴而就的。景区投入电子商务建设方面的资金在一定时间内是受到限制的，电子商务系统的构建是一个逐步完善的过程。因此景区在着手建立电子商务系统之前，就要做好投资效益分析，合理分配有限的资金，做到整体规划，分步实施，逐步完善。例如，有些景区在资金实力有限的情况下，其在线网站可以选用虚拟主机租用方式开展试验性的网站运行，以此进行企业的信息发布和形象宣传；然后用共享主机的方式开始电子商务；等业务量达到一定程度可以采用主机托管的方式；当全面实施电子商务、构建企业内部网时采用自营主机的方式。

同时，景区的自身状况存在差异，对电子商务系统的需求也会存在差异，因此，在进行功能设计的时候，需要根据实际情况进行，在整体规划框架下，可以对紧迫、重要的部分先行建设，次要部分逐步深入发展和完善。

第三节　智慧景区电子商务发展模式及其趋势

一、智慧景区电子商务发展模式

基于不同的研究角度和方法，有不同的电子商务模式与类型，从电子商务平台——网站入手分析，按照智慧景区电子商务网站的控制主体及其所提供的业务内容，可以将智慧景区电子商务分为：由销售方控制的第一方电子商务模式、由中介方控制的第三方电子商务模式和由旅游目的地政府主导下创建的地方性旅游服务网站模式等三大类。

（一）第一方电子商务模式

第一方电子商务模式是指由商品或服务提供者控制交易网站的电子商务模式，智慧景区通过自建、联盟等方式凭借强大的影响力，建立网站平台，处于整个系统的核心位置；旅游者和旅游企业可通过智慧景区网站获取旅游信息、进行电子贸易政府起到宏观调控和监管作用。

第一方电子商务模式包括三种子模式：

（1）智慧景区自建模式。智慧景区自建模式主要是景区依托自身丰富的旅游资源为旅游者提供相关的服务信息，一般包括景区文字影像简介、在线地图查阅、电子门票交易、网上虚拟旅游、旅游线路设计等内容；网站设计上突出当地文化特色和景区特色，主要起到宣传促销的目的，为智慧景区扩大客源、提高知名度、降低业务成本提供便捷有效的手段，如青岛崂山风景区就属于这种模式。智慧景区自建模式较适合大型智慧景区。

（2）智慧景区联盟模式。智慧景区联盟模式即由多个智慧景区共同出资，筹建一个联盟电子商务平台。这一平台初期以提供相关智慧景区的服务为主，逐步发展为集提供旅游服务信息、社区旅游计划、增值服务等多种服务于一身的“一站式”服务平台。随着智慧景区联盟的发展影响力不断扩大，不仅可以吸引更多的旅游者，而且会吸引众多智慧景区的加盟。这些加盟的智慧景区通过联盟模式这一平台，可以降低分销成本和分享客源而且随着加盟智慧景区的不断增加，各智慧景区还可从增值服务中获取额外利益，如收取广告费用及向其他相关产业延伸。智慧景区联盟模式起点较高，在初期阶段，筹建平台的智慧景区要有一定的知名度和经济实力。

（3）区域联合模式。区域联合模式是将某个区域内的智慧景区进行整合，并对在此基础上建立起来的电子商务平台进行统一的宣传管理。区域联合模式主要是面向旅游者和旅行社全面开展智慧景区门票、餐饮、酒店、旅游线路等在线预订的电子商务平台。同时，也为旅行社和酒店、航空公司等旅游行业客户提供网络宣传、网络销售、网络支付等一系列的业务服务。

（二）第三方电子商务模式

第三方电子商务模式由商品或服务交易双方之外的第三方中介建立并控制，交易网站智慧景区中间代理一般由技术实力强大的计算机管理集团承担，主要通过服务器端和客户端开展业务工作。服务器端由中间代理商统一管理智慧景区在开展各种电子商务活动时，就像是在自己的服务器端工作一样，将智慧景区的网上销售委托给中间代理公司，代理公司根据客户的实际访问量和网上业务交易量收取佣金，这种模式可以更有效地实现资源的优化，智慧景区第三方电子商务模式主要有两种类型：

（1）综合服务类中间商。目前综合服务类中间商类网站由专业互联网企业运营，在网络营销方面具有丰富的行业经验是推动旅游电子商务发展的助推器。就智慧景区电子商务而言，旅游门户网站主要服务职能在于智慧景区信息发布和面向旅游企业的营销推广。这种模式主要是借助知名门户网站巨大的访问量，在网站内发布智慧景区服务信息，包括智慧景区介绍、旅游线路、所在城市的交通、酒店、购物、社区交流等内容，但一般不提供在线门票预订、网上支付等网上交易平台。

（2）支持服务类中间商。支持服务类中间商类网站的主要服务职能在于旅游服务支持与增强直接介入智慧景区服务环节从而获得服务增值收益。目前已经出现了专门从事智慧景区门票预订的网站，它们通过与上游旅游产品供应商的战略合作获得相对优惠的价格政策，而这种优惠将主要交由游客享受。智慧景区只需依托这些平台就能完成其系统的营销规划、低成本全方位的媒体营销并为智慧景区导入大批中高端自助游客。因此这类网站虽然上线时间较晚，但自创建以来深受市场关注，巨大的平台价值显现无疑，对于改进传统智慧景区服务方式，加快智慧景区电子商务的发展有着积极的推动作用。

（三）地方性旅游服务网站模式

地方性旅游服务网站主要是基于旅游目的地政府主导下创建的非营利性旅游电子商务平台，包括在国家旅游信息化工程倡导下发展起来的公共商务网、地方政府旅游网站等。这一模式采用政府主导的形式可以集中资源和力量进行旅游企业信息化解决方案的研发，再向全行业推广，发挥技术上的专业化优势并形成规模效益。智慧景区可借助网站系统和电子商务平台进行网上宣传、咨询服务，以信息服务起步，逐步向网上交易、结算服务等深层业务拓展。运用这一模式开展电子商务。特别是中小型智慧景区可以集约利用资源降低智慧景区经营成本，更有效地实现智慧景区运营效率的提高。

二、智慧景区电子商务模式的发展趋势

智慧景区要实施旅游信息化建设，电子商务在其中将起到举足轻重的作用。在全球旅游电子商务发展带动下，结合我国智慧景区的发展现状分析，智慧景区电子商务应将在规模化经营和功能整合方面取得突破性进展。

第一，第三方电子商务模式会有更大发展。第三方电子商务模式是符合我国智慧景区实际情况的电子商务推进模式，我国大部分智慧景区存在“小、弱、散”的问题，中小型智慧景区通常没有能力自行建设智慧景区网站，那些已经建成的网站往往都访问量较低难以凸显电子商务的优势。第三方电子商务模式通过强大的旅游搜索引擎和旅游信息库可实现专业化、个性化的产品组合，信息沟通速度较快，访问量和知名度较高可为智慧景区提供良好的网络整合营销平台。对此第三方模式将凭借这些优势得到进一步发展，推动我国智慧景区特别是中小智慧景区实现电子商务。

第二，规模化经营将成为主要趋势。旅游业以互联网为平台开展电子商务具有天然的优势，目前各类旅游电子商务网站数量迅速增加各网站之间竞

争激烈。发展较好的智慧景区网站通过品牌化、规模化竞争，逐步站稳了脚跟，而那些知名度低、规模较小的网站，由于缺乏资源优势在竞争中被劣汰也是在所难免。在这种形势下，大型智慧景区会在电子商务领域继续投入更多的资金，扩展网站功能，扩大业务覆盖面增加服务内容以巩固自身的优势地位。中小型智慧景区则需借助第三方中间商，和利用互联网的优势，形成智慧景区联盟，化竞争为合作，追求双赢模式下的平均利润，以维持生存与发展。

第三，网站功能整合程度不断提高。目前国内大多数智慧景区电子商务服务网站只侧重于服务信息发布和网络营销，随着旅游电子商务的不断成熟，智慧景区电子商务的服务内容也将不断扩展实现集线路预定、团队组合、网上交易、服务监控、投诉管理于一体的“一站式”服务；在服务范围上利用网络整合资源方面的优势，将更加倾向推出“小而精”的特色旅游服务，满足旅游者的个性化需求弥补传统经营模式下偏重大团队、服务内容陈旧的缺陷。

第四，模式创新程度提高。以电子商务为代表的新经济往往把创新作为灵魂和核心，随着信息市场和智慧景区的发展，旅游企业交易需求的日益提高，对智慧景区电子商务模式的要求也会越来越高，这必然导致新的电子商务模式的诞生模式创新程度也将越来越高。

智慧景区电子商务可极大地提高智慧景区网络营销的交易能力，为智慧景区开辟更广阔的市场，带来更大的商机。智慧景区电子商务的开发符合我国旅游产业发展的国情，随着旅游市场的不断扩大，加速传统智慧景区经营模式和管理方式的变革，智慧景区电子商务将迎来新的发展阶段。

第四节　电子商务背景下的数字景区建设

一、数字景区的作用与价值

数字景区是风景名胜区和信息通信技术结合发展的必然结果，是以信息通信技术为使能器，实现景区的观光服务、安全、生态环境及资源、商务等一系列的数字化管理，同时在景区与行政管理部门之间、景区与合作伙伴之间、景区与客户之间实现信息系统的有效管理与智能控制。

目前，数字景区建设还没有统一的构建框架，在现阶段数字景区则是将所有可以在景区应用的信息通信技术都纳入了框架体系之中。例如，IP 电话、网站、办公自动化系统、视频会议系统、电话会议系统、监控系统、售检票系统、销售与分销系统、LED/DLP 电子显示屏等，也有应用地理信息系统构架的景区。近阶段数字景区仅是把一切可利用的信息通信技术与风景名胜区的保护、管理、服务、商务、发展等工作有机地结合起来，以提高所有管理工作的电子化、数字化水平。数字景区在信息通信技术帮助下，以实现整合景区资源，实现信息共享，实现创新管理模式；实现景区运营过程的有效管理和严密监控，变分散管理为协同管理，变多级管理为扁平化管理，变粗放管理为精细化管理；促进定性管理向定量管理的转变、经验管理向科学管理的转变、静态管理向动态管理的转变、事后管理向超前控制的转变。景区数字化实现后，将使景区的管理步入以信息带管理、以信息促保护、以信息增效益的良性循环轨道，从而达到提升景区整体管理水平的目的。

（一）数字景区的主要作用

数字景区建设已经是未来景区建设的方向，不管是景区的旅游开发还是景区的环境资源保护，其在管理过程中都需要电子化技术的支持，不管是对资源管理还是挖掘经济价值，其现实的指导意义都是深远的。认识数字景区的作用与价值，有利于数字景区的建设和推广。

为了获取景区的保护资金或促进地方经济的发展，大多数景区都进行了旅游开发，因此讨论数字景区的作用基本都是与旅游活动相关的内容。我们知道信息通信技术可以使数据跑路并驱动服务，因此数字景区在信息通信技术的作用下，最主要还是改善了景区的管理与服务，具体表现在以下方面：

（1）可以及时了解游客在景点之间的分流情况。

（2）可视化关注游客的旅游安全。

（3）随时反映景区在游客人的数量。

（4）可以跟踪景区生态信息的变化趋势。

（5）能及时反映景区的地理信息情况。

（6）实现对景区重点部位视频监控。

（7）有利于电子导游系统的建设。

（8）便于开展电子商务。

（二）数字景区的重要价值

积极开展数字景区建设，大多数景区都是出于经济效益的目的。当然数字景区建设不仅仅是为了经济效益，还需要兼顾到环境效益。这里仅从旅游相关的利益团体角度分析其价值，数字景区建设不管是对游客、对利益相关者，还是对景区管理都具有良好的价值体现。

1. 数字景区的游客价值

数字景区对游客的价值就是获取景区信息的便利性，以及游览过程中的安全保障。数字景区利用电子化手段，可以为游客提供满意的产品和服务，包括生态知识以及相关的景区人文知识等。具体对游客的价值表现在以下方面：

（1）客户服务人性化：每个游客能产生 VIP 感觉。

（2）需求满足个性化：游客可以按照自己的需求体验旅游产品，如自己选择电子导游。

（3）个别关注全程化：旅游过程中有良好的安全感，景区会全程关注游客的活动。

（4）投诉服务网络化：旅游过程中遇到不愉快的事情，可以随时利用网络投诉。

（5）互动响应实时化：旅游前后和旅游过程中都能实现信息互动。

2. 数字景区的景区价值

数字景区一方面可以吸引游客，另一方面可以改善景区的环境和资源管理。特别对景区的管理理念、管理过程、管理工具、管理效果产生了很大的变化，提升了景区的管理质量和服务质量，并体现可竞争性价值，如体现差异化服务。具体而言，景区价值包括以下方面内容：

（1）引导景区的产品与服务设计，增加电子化服务功能。

（2）有利于景区资源管理，经济效益和环境效益兼顾。

（3）提升精细管理、敏捷服务。

（4）增强景区的竞争优势，实现景区的可持续发展。

（5）有利于实现电子商务或电子分销。

3. 数字景区的旅游服务价值

全面的数字景区建设有利于旅游开发和开展旅游服务活动，数字景区的目标之一就是提升旅游服务，因为数字景区解决了信息服务问题、改善了安全问题、增强了通信问题，这些都是旅游服务中的关键问题。数字景区可以增加景区的可观赏性，提升观光产品的服务价值，具体对旅游服务的价值有以下方面：

（1）利用信息技术设计观光产品主题，增加景区的观光价值。

（2）利用网络技术实现游客的信息互动，促成观光动机的实现。

（3）利用电子导览技术系统，实现电子导游和文明观光。

（4）利用数字景区的信息系统，拓展分销渠道、提升服务效果。

4. 数字景区的旅游中介价值

景区有许多批发商、代理商等合作伙伴，它们属于景区的旅游中介。数字景区中的信息技术系统有利于旅游中介商的代理和批发，提高业务处理的效率，使旅游中介价值得到提升。对景区来说，电子化管理可以有效选择最佳的销售渠道，为景区编织理想的营销和销售网络，提高每一个旅游中介产生的附加值。数字景区对旅游中介的价值有以下方面：

（1）有利于与旅游中介商构建更快、更直接的销售渠道，改善旅游中介服务。

（2）可以与网络中介商直接沟通。

（3）能够对中介商做出更直接、更准确的绩效评价，选择更有价值的旅游中介。

（4）快速收集各旅游中介渠道的反馈信息，改善营销绩效。

（5）有利于利用旅游中介渠道开展电子商务或分销。

二、数字景区的定位与发展策略

（一）数字景区的定位类型

我国数字化景区建设将从环境管理、旅游服务以及商务协作方面形成不同的定位，具体为以下三种不同类型的数字景区：

（1）基于检测控制系统的数字景区。这一类数字景区主要围绕景区的安全、生态、环境质量开展电子化建设，配有对应的地理信息系统、电子监控系统、电子门禁系统以及生态预警系统等。景区的环境资源监测与监控管理是这类数字景区的核心内容，如九寨沟的数字景区和武陵源的数字景区都属于这一类。由于景区范围比较大，资源管理和安全管理都依赖于监控信息系统。

（2）基于政务信息系统的数字景区。这一类数字景区主要围绕管委会或管理局的政务而展开，它的数字化建设是在办公自动化系统的基础上发展起来的。如对于一些自然保护区、世界文化遗产开发的景区，需要管委会机构对应的政务系统，主要提供完善的景区信息服务和环境管理政令，通常配有OA系统和信息网站，其他的如门票系统都整合到办公系统上。如武夷山景区、庐山风景区的数字化建设都属于这一类型。

（3）基于电子商务系统的数字景区。这一类数字景区主要围绕旅游活动的经营管理展开，它的数字化建设是围绕电子商务系统发展起来的，其他的信息系统都整合在电子商务系统上。如景区的营销、销售、服务等信息系统，以及门检票系统等，负责对景区旅游开发后的电子化经营管理。电子商务系统通常还配有商务网站，少数景区还配有客户关系管理系统，开展与消费者游客的互动以及实现自动化的销售和营销。

（二）数字景区的发展策略

数字化景区建设是景区在总结监管信息系统建设经验基础上开展的一项信息化建设工作。建设数字化景区，要综合运用现代信息技术，以信息化基础设施为支撑，以业务应用系统为纽带，以数据中心和指挥调度中心为核心，整合景区管理资源，实现信息共享，推进景区信息化建设。通过数字化景区建设，提高景区在资源环境保护、规划建设管理、游览组织管理与公共服务、游客安全保障、防灾减灾、应对突发事件等方面的管理和服务能力，改进管理方法，降低管理成本，提高管理效率。

第一，编制数字化景区建设规划。数字化景区建设规划是开展信息化建设的基本依据，风景名胜区要按照国家以及住房城乡建设领域信息化建设的有关要求和技术规范，结合自身实际，以实际需求为导向，编制数字化景区建设规划，明确数字化建设的基本思路、总体目标、总体框架、建设内容、重点任务和实施方案等，确定分期建设目标和实施保障措施，经过专家论证通过，有计划有步骤地实施。

第二，建立健全数字化基础设施。基础设施是信息化建设的基础和前提，风景名胜区要按照数字化景区建设要求，逐步配备和完善计算机设备、网络设备、服务器设备、数据存储设备、安全设备、机房及配套等设施，构建结构合理、覆盖面广、容量充足、性能稳定的基础网络体系，为数字化建设提供保障。

第三，建立统一的数据中心。基础数据库和共享机制建设是信息化建设的关键，风景名胜区要以信息资源共享为突破口，提高基础数据的质量，统一数据标准，整合信息资源，建设统一的数据中心，从技术上和管理上建立一套有效的共享机制，为实现地理信息、规划建设、资源环境本底、遥感监测等基础数据与业务数据的互联共享以及不同系统互通互联、数据共享和系统集成奠定基础，实现信息资源集中、高效、便捷的管理和应用。

第四，建设统一高效的综合指挥调度中心。要通过建立风景名胜区综合指挥调度中心，改进传统管理模式，改善管理部门之间信息不畅、调度不良的问题。通过采用功能集成、网络集成、软件界面集成等多种集成技术，实现互通互联和交互操作，充分发挥集成应用的协同效应，实现对各个集成设备和系统的集中高效应用和对相关管理部门的统一协调和组织，构建统一指挥、快速反应的管理体系。

第五，加强应用系统建设。风景名胜区数字化景区建设，除风景名胜区监管信息系统等必备应用系统外，可以根据业务工作信息化管理的需要，全部或者有选择地建设视频监控（含森林防火）、应急救援、车辆运行监控调度、人员巡检监控调度、资源环境监测、规划建设管理、景区门禁票务、电子政务、电子商务、多媒体展示等应用系统，也可以自行开发建设其他应用系统，提高信息化管理水平。

第六，构筑安全防范体系。风景名胜区要按照国家信息安全有关要求，加强信息安全管理，采取技术与管理相结合的综合性保障措施，建立包括物理安全、网络安全、数据安全、系统安全、应用安全等内容的安全保障体系，制定并严格执行安全管理制度，确保设备和系统有效安全运行。

三、数字景区的业务流程再造研究

（一）数字景区与业务流程再造

业务流程再造是指对企业的业务流程作根本性的再思考和彻底性的再设计，目的是在成本、质量、服务和速度等方面取得戏剧性的改善，使得企业能最大限度地适应以顾客、竞争、变化为特征的现代企业经营环境。业务流程再造的核心思想是关注流程与关注再造，即打破旧有管理规范，通过全新设计或对现有流程的系统化改造设计获得理想的业务流程。

数字景区建设不只是相关软件、硬件的配套引进，以及景区的日常经营活动自动化，更重要的是对景区传统经营方式的根本性变革，从业务流程这一基础层面进行根本性改变来增强景区的应变能力和竞争能力。景区信息化改造的效果，一方面通过信息化软件本身带来的处理速度加快来体现，另一方面通过业务流程再造后新流程对市场新形势的良好适应性和应变能力来体现。

景区业务流程再造是数字景区建设的前提，数字景区建设应先合理化再自动化，否则只有加重不合理。组织在引入信息技术之前，必须首先保证流程正确无误，在没有将流程理顺的条件下，应用信息技术只能是误入歧途。许多企业信息化实施失败的案例显示，没有对原有低效流程进行根本性思考和改变之前，简单地运用 IT 进行自动化处理，不仅不能创造出新的高绩效流程，反而会使流程中原本无绩效的各项活动被固化在流程中，使旧流程恶化。因此，数字景区建设必须以业务流程再造为前提，基于清晰的组织结构设计出合理的业务流程，运用信息技术建立景区管理信息系统，构建各个阶段的信息化业务体系。

数字景区建设是景区业务流程再造的必然结果，虽然景区实施业务流程再造可以理顺业务流程，但在优化业务流程时，如果离开信息技术手段，实施业务流程再造的很多原则往往是非常困难的。没有信息在流程上的连续传输，要消除信息重复录入和处理等无效劳动是不可能的；没有信息共享机制，要想将过去的串行业务流程改造为并行业务处理流程也是不可能的；没有信息系统，要将决策点定位于业务流程执行的地方也是很难的。信息技术的应用使得景区的各类信息资源得以充分共享和快速流动，极大地消除了工作环节中的壁垒和时延，突破了景区经营管理中分工的束缚，使业务流程再造成为可能。在业务流程再造从思想到现实的转变中，信息技术作为一个重要手段起到了一种催化剂的作用，不考虑信息技术的应用，一般难以达到改善管理业绩的目标。

数字景区建设与景区业务流程再造相辅相成，数字景区建设必须从业务流程再造的角度对景区组织架构进行重组，对业务流程进行重新设计，同时从信息技术应用的角度去深挖信息技术应用的潜力。业务流程变革要先于信息技术的应用，做出适合信息技术应用的变革，之后在信息技术应用中还要不断进行流程变革，同时流程的变革也带动信息技术的相应变革，二者相互结合才能使数字景区建设的成果更好地服务于景区的经营管理，达到提高游客满意度，增强资源的保护，提升景区竞争力的目的。

（二）数字景区业务流程再造的原则与内容

作为一种现代企业变革所推崇的先进管理理论，业务流程再造理论几乎适用于所有的产业领域，但其方法并不是一成不变的。不同类型景区所追求的目标截然不同。如资源保护型的景区主要是景区自然或人文资源的保护，以达到其最大的社会效益；而经济开发型的景区如度假区、主题公园等其主要目标是经济效益。在数字景区业务流程再造时，各景区应根据自身的特性，对业务流程再造的方法和原则作适当调整，以便更好地完成再造目标与需求。

1. 数字景区业务流程再造的一般原则

（1）以游客和资源保护为中心原则。我国现有的景区除了单纯的经济开发型景区外，绝大部分都是把经济开发与资源保护结合起来进行的。数字景区流程再造过程围绕着提高游客满意度和资源保护效率进行，各项流程应强调游客满意和更好地为资源保护服务。建立以游客和资源保护为中心的业务流程，把顾客满意和资源保护作为数字景区业务流程再造的出发点。

（2）以流程为中心原则。业务流程再造的根本目标就是把景区转变为以流程为中心的新型景区，排除对流程运行不利的障碍，重新整合传统分工体系下被割裂的流程，依据流程来设计组织结构、职能。因此，数字景区在业务流程再造中必须理顺景区的各项流程，使景区管理者和员工的工作重心转移到景区的流程和整体利益上，注重流程的整体效率，并重新设计景区的业务流程体系，认真实施流程管理。

（3）以信息技术为手段原则。信息技术是数字景区实现业务流程再造的重要手段，数字景区再造必须重视、利用信息技术带来的巨大潜力。通过建立共享的信息系统，使景区能够及时、准确、完整地获取流程所需的各种信息，促成原本分散在景区各个部门的信息和知识资源能够得到连接和整合。景区可以利用先进的信息和网络技术实现信息的分析和处理，将串行的工作流程转变为并行流程，并随时通过动态变化的信息库对流程各项活动实行监控。

（4）团队式管理原则。景区流程再造以后的新型组织的基本构成单位是流程团队，团队工作方式是再造后组织的新型工作方式，景区的组织结构趋于扁平化。团队式管理是由组织所担负的任务决定的，强调团队作为组织活动的基础单位，而不是以个人的专业活动为基础。团队由跨部门、多专业人员组成，并要创造跨越职能边界的横向信息共享与合作，每个人对流程的关注是保证流程合理化的关键。

2. 数字景区业务流程再造的主要内容

数字景区业务流程优化和再造包括观念再造、工作流程优化和再造、流程型组织建设。

观念再造是指在进行数字景区业务流程再造的过程中，不管是景区的领导还是员工首先得从观念上认识到业务流程再造的必要性和必然性，把以往单纯追求经济效益的观念转变为以游客的利益和景区资源的保护为出发点，改变以前把信息技术机械地应用到景区现有的业务流程当中即为数字景区的偏见。流程再造后必定要带来景区工作内容、方式的改变，要求员工首先应从思想观念上做好勇于接受新事物，新观念的心理准备，要用一种积极的心态去配合景区业务流程再造。

工作流程的优化和再造主要是指对资源保护、景区管理、旅游服务等业务流程的优化和再造。数字景区建设中主要是通过引入信息系统来达到对业务流程的优化和再造，如资源保护类的应用信息系统主要有：资源环境监测系统、森林防火系统、视频监控系统等；景区管理类的应用信息系统主要有：监管信息系统、三台合一的接处警系统、OA 系统、LED 信息发布系统、GPS 车辆调度系统、门禁系统、电子巡更系统等；旅游服务类的应用信息系统主要有：应急广播系统、多媒体展示系统、电子导游、电子商务等。

流程型组织建设是指数字景区建设中通过实行业务流程再造打破金字塔状的组织结构，以景区经营管理流程为中心，实现景区内部上下左右的有效沟通，并以各种流程为基础来设置部门，决定人员的分工，在此基础上建立和完善组织的各项机能，使景区能够更好地满足游客和资源保护的需求。流程型组织是一种扁平化的组织结构，关注组织内部的各种跨部门流程的执行情况和结果，根据业务有序活动的各个环节来配置相应人员，打破了职能部门之间的隔阂，促成信息流和物流等在水平方向和垂直方向的顺畅流动，以达到最终游客满意和资源保护的目的。

（三）数字景区业务流程再造的方法与步骤

1. 数字景区业务流程再造的实施方法

业务流程再造是一种不断改进的哲理，实施方法包括全新设计法、系统改造法两种。

（1）全新设计法。从景区整个业务流程着手，抛开现有流程中所隐含的全部假设，从根本上重新考虑景区产品或旅游服务的提供方式，从流程所要取得的结果出发，从零开始设计景区新流程。其优点是提供了业绩成倍飞跃的可能性，特别是提供了在最新思想指导下的设计机会；其次是在一群新劳动力中重建景区经营管理文化，比对现有文化进行重大改变要容易得多。主要缺点是实现所要求的组织变革风险高，组织经历的痛苦深，对正常运行干扰大。

（2）系统改造法。在景区现有流程基础上通过对现有流程的简化、整合以及自动化（ESIA）等活动来创建所需的新流程。它是一种“无创伤性再设计”这种方式的优点在于改变可以逐渐地一点一滴地积累实现，因此能够迅速取得收效，并且风险较低，对正常运营干扰小。缺点是仍然以现有流程为基础，短期内实现流程的创新不大容易。

数字景区建设中至于选择何种再造方法，要依据不同流程的特点结合景区的实际情况采用不同的方法。如原来没有的、或需要创新的流程，运用流程全新设计方法，而需要改进的，采用系统优化的方法进行再造。系统化改造方式多用于短期的改进工作，全新设计方式则多用于奠定中长期竞争基础的工作。

2. 数字景区业务流程再造的主要步骤

数字景区建设中业务流程再造是一个持续不断的系统工程，问题分析、新流程的设计、再造的实施、再造后的评价、持续的改进等，是一个循环的整体，数字景区建设中业务流程再造（BPR）的步骤主要分为六个阶段：

（1）战略决策阶段。为数字景区建设中的流程再造项目立项做准备，包括争取公司高层的支持，取得高层领导和员工对公司流程再造的理解和支持，发现流程再造的机会，寻找信息技术方案，确定景区核心业务流程、选择再造的流程。

（2）项目启动阶段。此阶段标志着流程再造工程的正式启动。正式宣布项目的启动，利用各种宣传手段和培训方式，扩大业务流程再造项目在景区内的影响，提高景区上下对项目实施的重视程度。内容包括：组建再造团队、制定再造总体计划，制定再造目标和评估标准。

（3）流程描述与诊断阶段。对景区现有的业务流程及经营管理现状进行描述分析，以便发现存在的问题，为下一步业务流程再造提供依据。此一阶段包括两部分：一是记录原有的流程，二是分析原有的流程。前者记录流程涉及的活动、资源、控制机制、作业制定、信息流动的方向等。后者着重分析现有流程存在的问题及其产生原因，以改进流程效率。

（4）流程再设计阶段。在流程分析和识别再造机会的基础上，围绕着数字景区建设中业务流程再造的目标和使命，清除现有流程中存在的约束，提高景区经营管理和游客服务等方面的绩效，研究制定出有助于实现数字景区建设目标的新流程实施方案. 流程再设计包括新的业务流程的优化设计，新的人事结构和组织结构的设计，新的管理制度与管理体系设计，新的信息系统的设计等。数字景区建设中主要的信息系统有：OA 系统、视频监控系统、门禁系统、电子导游系统、LED 信息发布系统、GPS 车辆调度系统、电子商务等。

（5）流程再造实施阶段。这个阶段内容包括：新流程的试运行和推广、新信息系统的引入、重建组织结构、组建流程团队、培训员工、制定相应的业务操作规范等。试运行新流程可以及早找到新流程的潜在问题，减少大规模推广可能造成的损失，其工作内容有：确定试运行的范围，对新流程进行小范围试验；与员工进行沟通，寻找新流程问题；对出现的临时性问题进行协调。通过试运行确定新流程没有重大问题，就可以进行新流程的推广，主要工作有：加强对新流程的宣传、培训员工、组建流程团队、重建组织结构、保障新旧流程顺利切换。

（6）效果评估和持续改进阶段。业务流程再造结束后，紧接着应该对流程再造效果的好坏进行评估及后续的改进，以保持并不断改进新的景区流程。业务流程再造很难一次性就完全达到数字景区的建设目标，在流程再造的初期都会有一个波动时期，所以要进行具体问题的评估分析，不能一遇到问题就全盘否定，要对实施后的新流程进行持续的观察和分析，找出不足，不断调整。

第五章　大数据背景下智慧景区的运营管理

第一节　智慧景区管理理论与定位

一、智慧景区管理理论

（一）生命周期理论

1. 基于生命周期理论的景区演化阶段

（1）探索阶段。只有少量探险型旅游者进入，他们与当地居民接触频繁，对当地特定的吸引物很感兴趣；目的地没有公共服务设施；当地的自然和人文环境未因旅游者的到来而发生改变。目前，南极洲部分地区、加拿大北冰洋沿岸地区处于这一阶段。

（2）参与阶段。来访旅游者逐渐增多，他们依旧与当地居民交往；当地居民开始为旅游者提供一些基本的设施和服务；广告开始出现，地区性市场开始形成，旅游的季节性也随之显现出来；当地的自然和人文环境为适应旅游者的需要也开始发生改变。目前，太平洋和加勒比海的一些较小的、欠发达的岛屿正处于这一阶段。

（3）成长阶段。游客量增长迅猛，旺季时超过常住居民人数；旅游者主要与景区的商业机构打交道，和当地居民的交往已经很少；景区内外交通、服务设施、服务质量得到改善；广告促销力度增强；外来公司在景区的发展中扮演了重要角色；景区的自然和人文环境变化迅速，已与其原始面貌有很大不同。目前，墨西哥部分地区、北非和西非海岸的发展属于这一阶段。

（4）巩固阶段。旅游者增长率开始下降，但总量继续增加并持续超过常住居民人数，当地居民对旅游者的到来产生反感；景区发展与旅游业息息相关，为了延长旅游季节、吸引更多的远程旅游者，广告促销的范围进一步扩大；以往的设施沦为二流水准，已不再是人们向往的地方。目前，加勒比海大部分地区和北地中海地区处于这一阶段。

（5）停滞阶段。游客量达到高峰，景区客源市场的维持很大程度上依赖会议旅游者和重游旅游者；原有的自然或人文吸引物被人造景观所取代，接待设施出现过剩，景区的旅游形象不再时兴；景区容量达到或超过最大限度，导致许多经济、社会和环境问题的产生和当地居民的不满。

（6）衰落或复苏阶段。在衰落阶段，旅游者被新的景区所吸引，只留下一些周末度假旅游者或不露宿的旅游者；大批旅游设施被其他设施所取代，房地产转卖程度相当高；此时的旅游景区或者成为所谓的“旅游贫民窟”，或者完全与旅游脱节。另一种可能是景区在停滞阶段后，通过创造新的人造景观或开发后备的自然旅游资源进入复苏期。英国和北欧的许多景区属于这一类型。

在衰落或复苏阶段有五种可能的情形：①再度开发景区获得成功，使游客量继续上升，景区进入复苏阶段；②小规模的改造和调整，使游客量小幅增长，景区渐渐复苏；③维持现有的游客量，避免其下滑；④过度使用资源，忽视环境保护，导致景区产品质量严重下降，游客量锐减；⑤战争、瘟疫等灾难性事件的突发会导致游客量急剧下降。

2. 基于生命周期理论的景区注意事项

（1）不同景区的生命周期存在明显的区别。博物馆、遗产型景区，我们只能观察到游客量的起伏波动，却看不到它的激增或衰败；以周期性节事活动为吸引物的景区，其游客量呈现出规则波动的特征；度假区有很长的成长期，会慢慢地走向成熟。

（2）同一景区的生命周期会受到诸多外部因素的影响。外部因素包括景区上游企业和中间商的议价能力，替代性的旅游产品，潜在景区的开发，现有景区间的竞争，政府或其他约束性团体的力量，旅游者的需要、感知、期望及其变迁，反对旅游业开发的环保主义者和其他相关公众的干预。

（3）该理论不能作为一个完善的预测工具单独使用。在现实中无法确认各个阶段的转换点；景区的演化也未必经历每个阶段，它可能跨越某个或某几个阶段；忽视了创新与变革的力量和突发事件对景区发展的影响；将市场视为同质型市场，没有考虑到市场细分的因素。

（4）景区生命周期理论的指导意义。作为一个解释模型，该理论可以帮助景区管理者判断景区所处的发展阶段，为其制定规划方案、进行市场开发提供依据。

（二）利益相关者理论

利益相关者是一个管理学概念。利益相关者理论从20世纪80年代开始被引入旅游研究领域，它与可持续旅游发展的天然联系使得其在景区管理中发挥着直接而重要的指导作用。利益相关者理论的指导意义如下：

（1）摒弃了以往单方利益至上的畸形发展思路，突出了群体利益最大化的目标和社会、经济、文化、环境、生态和谐发展的理念，从而为建立新型的利益平衡机制提供了理论依据，使得所有利益相关者个体理性的主观动机能够最大化地转化为集体理性的客观结果。

（2）更加强调了景区的社会责任，着眼于追求景区的长远发展和旅游的可持续发展。因此，在承认资源的利用性和共有性的基础上，实现对资源的永续利用和代际公平是景区运营的首要使命。

（3）提供了一个人本主义的思考起点，体现了景区经营过程中"以人为本"的价值导向。所以，在景区的经营过程中，要从关心景区各利益相关者入手，对各方的特性、活动及社会环境加以关注。在此基础上，协调、处理好各方的利益及他们之间的关系，共同营造出和谐的景区氛围。

二、智慧景区管理定位

（一）管理方法

景区管理方法是管理者在经营活动过程中为了实现景区提升品牌价值、提利能力，增强竞争优势和保障持续成长，而对景区人、财、物以及经营活动采取的综合方式和具体措施。景区管理方法不仅是管理者执行管理职能的重要手段，而且是协调各种经营活动的重要保证。从景区管理的一般方法来看，主要包括以下六个方面：

（1）经济方法。景区管理的经济方法是指景区遵循客观经济规律，运用各种经济手段，对景区经营活动进行有效管理的方法。经济方法的核心是正确处理景区所有权、经营权与监管权的关系，把经济利益与经济责任、员工绩效结合起来，形成有功必奖、有过必罚、奖惩结合的运行机制，促使景区员工从物质利益上关心和支持景区的经营与管理，是景区最基本的管理方法。

（2）社会心理方法。景区的经营活动和管理工作主要是以人为中心的活动，不管是个体的人，还是群体的人，都具有特定的心理现象、心理活动规律和特点，只有采取有针对性的策略和方法，才能更好地调动员工的积极性和主动性，有效地激励员工不断改进工作，从而促进景区提升核心竞争力。所以，社会心理方法正在成为景区管理活动中普遍采用的基本方法。

（3）行政方法。景区管理的行政方法是指依靠景区企业组织机构和管理人员权威，借助行政命令、计划和规章制度等手段，对景区经营活动进行管理的方法。行政管理的优点在于建立起以景区总经理为核心的、集体统一的行政管理系统，以鲜明的行政权威为前提，保证景区正常开展经营活动和管理工作，是景区必不可少的基本管理方法。

（4）教育方法。景区管理的教育方法是指通过思想政治教育和业务技能培训，提高员工素质和业务能力，促使景区改进经营质量和提高的方法。由于景区经营活动的高竞争性、高服务性和高职业化，客观上要求加强员工的思想政治教育和业务技能培训，开阔员工视野，培养职业责任感，提高业务素质和工作能力，所以教育方法是保障景区正常经营活动的基本管理方法。

（5）技术方法。景区管理的技术方法是指借助计算机工具，运用数据和数学分析的方法，对景区经营活动和管理工作进行科学分析和研究，从而实现量化管理的方法。运用定量技术方法，必须强化景区会计、统计、信息、网络等基础性工作，建立数据库和档案制度，提高数据采集、数据处理、数据分析、数据传输、数据应用等环节的技术水平。只有把定量方法和定性方法结合起来，才能提高景区经营决策的科学性和管理策略的准确性，保证景区定量技术管理方法的有效性。

（6）咨询顾问方法。咨询顾问方法是由专业的咨询顾问机构对企业经营管理过程进行调查和分析，从而针对性地提出解决问题的建议和可行性方案，供企业管理者决策参考的一种管理方法。运用这种方法，有利于集思广益，听取各方面的意见，尤其是充分利用富有思想理论和实践经验的专家意见，不仅能够把握景区经营环境的变化趋势，而且能够及时发现景区经营管理中的问题，采取积极有效的应对措施，从而减少景区经营风险，提高景区管理水平。由于操作简便，成本较少，效果明显，所以咨询顾问方法是景区经营管理中蓬勃发展的一种管理方法。

（二）经营管理

（1）日常经营管理。除了城市公园、绿地和广场具有公益性质外，我国多数的旅游景区采用企业形式进行营利经营，经营管理的目的是获得一定的经济效益。对于这类景区来说，管理的主要内容就是日常经营活动，就是利用景区的资源向游客提供满意的服务，并取得满意的投资回报率。从这一点来看，景区的管理与一般企业经营管理具有共性。旅游景区管理要从景区的特殊性出发，运用现代企业的经营管理手段，推动旅游景区不断稳步前进。

（2）游客活动管理。对游客活动进行管理是景区管理的重要内容。景区管理中，既要维护景区的良好秩序，保护游客的生命和财产安全，也要通过宣传教育、适当引导和必要的制约，指导游客进行文明健康的旅游活动，制止游客在游览中出现的不良行为。

（3）景区的管理体制与治理模式。景区管理体制是景区治理模式的核心内容。不同类型的旅游景区在性质与功能、管理体制和治理结构方面都存在很大差异，有什么样的景区管理体制就会产生什么样的经营机制，就会形成什么样的景区发展模式。对景区而言，选择合乎自己特点的治理模式，形成一个既有利于景区发展又有利于景区保护的管理体制，是关系到景区持续和长期发展的重要问题。

景区冲突与协调管理，包括个管理主体间的协调机制、景区管理职能发挥、不同管理主体管理方式差异、多维目标博弈与共生机制、不同类型景区管理目标重要性差异等。

第二节　大数据背景下智慧景区市场营销管理

一、景区市场营销管理

景区市场营销就是指在不污染和破坏旅游资源的前提下，旅游景区经营企业为满足旅游者观光游览、休闲度假、娱乐的需求和欲望，将旅游景区与游客之间的潜在交换变为现实交换的一系列活动。景区市场营销管理人员的任务不仅仅是刺激游客对旅游景区的需求以扩大生产和销售，更重要的是调整市场需求，必要时还需要缩减甚至抵制市场需求。

（一）游客的消费购买过程研究

1. 确认需求

需求可以是由人体内部刺激引起的，也可以是由外部刺激引起的。需求确认是购买者购买过程的开始步骤，指购买者认识到一个问题或需求。在这个步骤中营销者应了解旅游消费者有什么样的需求或问题，这些问题是怎样产生影响的，以及如何把消费者引向特定的旅游产品或服务。

2. 寻找信息

信息寻找是旅游消费者产生需求后有意或无意地寻找有关的旅游产品信息。他们寻找信息的积极性和投入程度取决于对各种旅游产品的了解程度，对该产品需要的迫切性，该产品的价值和重要性，寻找信息过程中所花的时间、精力和费用。

营销者控制的信息来源是商业来源，而最有影响力的信息来源是个人来源。所以，旅游营销者必须仔细设计营销计划，使未来游客了解其产品各个方面的知识；仔细识别旅游消费者的信息来源及每个来源的重要性。

3. 决策购买

一般消费者的购买意向是购买他最喜欢的品牌，但在购买意向和购买决策之间还会受到两个因素的影响：①他人的态度。该因素对购买决策的影响取决于他人对某项购买决策的否定程度和他人意见对购买者的影响力。否定程度越强，对购买者影响力越大，购买者越容易改变意图；②不可预料情况。

倾向性甚至购买意图并不一定都能引起实际购买选择，旅游营销者应该尽量做到完善产品和服务，以利于消除旅游消费者购买决策中的障碍。

4. 购买后行为

产品被购买后，营销人员的工作并未结束，因为旅游消费者可能会满意，也可能会不满意或有顾虑，从而产生购买后行为。旅游产品和服务未达到旅游消费者期望，旅游消费者会失望；达到了，旅游消费者会满意；若超出了期望，旅游消费者就会有惊喜。

如果旅游消费者最终获得了满足，那么在下一次购买中他们就会倾向于继续购买该产品和服务，甚至会向生活中的相关群体成员称赞该产品和服务，这种宣传积极地影响着有关群体成员的购买决策。旅游营销者的明智之举应是定期衡量旅游消费者的满意程度，建立鼓励旅游消费者进行投诉的系统，倾听他们的抱怨并做出积极反应。

（二）景区市场营销的特点

鉴于旅游产品的特殊性，旅游景区市场营销也有不同于一般营销的独特性。

（1）游客访问景区的整个经历始于对产品的消费之前，并将持续到消费之后，而经营者所能控制的只占此过程中的一部分，但游客不会区分哪些是景区的责任，哪些超出了景区经营者的控制范围。因此，景区市场营销人员应当关心的是游客的整个经历。这里，交通是否方便是景区成功的关键；路标、恰当的方向指示和宣传品也都是景区市场营销的重要工具。

（2）游客是生产过程的一部分，而员工是产品的一部分。前者是服务的对象，服务的过程就是生产过程，后者直接参与产品的生产和销售，他们的技术、态度和服务行为是游客服务体系的构成要素。因此，员工和游客都是营销的重要组成成分。

（3）景区产品的无形性，决定了游客在购买之前无法实验或使用产品，所以要通过一定的渠道让公众产生对景点产品的认识。这些渠道的核心是借助公众舆论和公众关系传播景区的形象和信息，同时要十分重视让每一个游客都有满意的游览经历，因为他们会将这种经历推荐或介绍给潜在游客。

（4）景区产品具有“不可储藏性”的特点。淡旺季、团队与散客可以实行差价以实现经济效益的最大化。由于景区的季节性特点，往往最大容量或需求量运营的时间只占一年中的一部分。营销的主要职责就是在有限的高峰日之外创造尽可能多的需求。

（5）景区产品的“不可移动性”。使旅游者购买的只是特定时间的使用权而不是产权，无法将旅游景区带走。“购买者”身处异地，不促销就无法让他们获得信息并促使其前来观光。因此，旅游景区的营销就包括异地促销和本地促销两种形式。前者是指在旅游客源地和潜在游客集中区的宣传、招徕，通过在大众媒体上做广告，请旅行商散发宣传品，参加旅交会，实现潜在游客的现实化；后者包括邀请目标市场地区旅行商和媒体记者踩线，以及通过提高服务质量吸引回头客，发挥游客的“口碑”效应。

（6）旅游产品只提供暂时使用权。由于游客的逗留时间决定着他们的消费额度，因此尽可能地延长逗留时间成为很多景区的重点工作。但这也不是绝对的，因为其逗留时间同时决定着景区的日接待量，所以，营销人员要以增加景区收入为目标，做好综合协调工作。

（7）旅游产品只提供给游客以共享使用权而不是单独使用权。对景区而言，这意味着需求可能会有冲突，如学生和老年人彼此间需求的矛盾。因此如果有可能，最好避免将需求有冲突的游客混在一起。

（8）旅游景区市场营销不仅要考虑旅游者的需求，而且要考虑旅游资源的保护,要将两者结合起来,使市场营销运行与环境保护得到协调统一的发展。

（9）旅游景区市场营销市场具有的区域性。任何一个旅游景区，其市场定位必须是区域性的。因为旅游产品所具有的感知形象是旅游者选择旅游地和进行旅游决策的考虑要素，而距离、时间、交通方式和旅行成本是次要因素。因此,那些具有强烈独特个性的旅游景区,往往吸引着远在千里的旅游者。虽然旅游景区会因类型不同而竞争程度不同，但每一个旅游景区要突出差别性营销策略，以形成自己独特的形象。

（三）景区市场营销的管理过程

1. 收集营销信息

景区市场竞争日益激烈，详细的营销信息是营销人员进行营销环境和市场分析的基础，并且在此基础之上选择营销机会和目标市场。因此，收集景区市场营销信息显得尤为重要，建立完善的营销信息系统成为景区科学经营管理的基础。景区市场营销信息系统可以降低景区的营销风险，节约营销风险，提高对营销因素的可控能力包括：

（1）内部报告系统。内部报告系统是营销决策人员经常使用的一个最基本的信息系统。这个系统的信息，主要来自团体预订、门票销售和关键市场游客数据库。信息源营销分析系统营销决策实施包括：

1）团体预订信息报告系统。团体预订指的是旅行社、旅游公司及其他社会团体预先确定前来景区游玩的情况。团体预订信息报告系统涉及电话总机、咨询、网站管理、门票销售、市场营销、游客服务等相关岗位。

2）门票销售与游客入园报告系统。门票销售与游客入园报告系统是针对景区的门票销售情况而专门设计的一个子系统。门票销售与游客入园报告系统的信息包括：门票销售情况、各票种的构成、旅行社购票情况、其他团体票购票情况、入园人数及构成以及历史上的相关数据和其他相关情况。门票销售与游客入园报告系统是营销决策人的重要依据。

3）市场游客数据库。市场游客数据库是一个有组织地全面收集关于游客的、潜在游客的资料库。关键市场游客数据库则是重要细分市场游客或中间商的资料库。这些数据是当前的、可接近的和为营销目的所用的。根据这些数据，营销经理就可以制定销售策略或服务的计划，或者用于维持游客关系。数据库为以后进行数据挖掘和进行数据库营销奠定了基础。

（2）营销情报系统。营销情报系统是为营销决策人员获取日常有关营销环境及营销活动进展的各种信息的来源，为景区决策人员提供目前外部正在发生的情况的各种信息。营销决策人员获得营销情报的途径和方式主要有四种：通过市场营销人员来获得信息、通过旅游中间商收集情报、向专业公司购买情报，以及从大众或专业媒体摘录、筛选、整理情报资料。

（3）市场调研系统。市场调研系统是指对可以用来解决特定营销问题的信息所进行的设计、收集、分析和提出数据资料以及提出跟企业所面临的特定的营销状况有关的调查研究结果。市场调研系统的主要作用是提供便于制定决策的信息。通过市场调研，景区可以获得更多、更准确市场信息，从而把握好市场需求的变化等方向。

（4）营销决策系统。营销决策系统，通过软件与硬件支持，协调数据收集、系统、工具和技术，解释企业内部环境和外部环境的有关信息，并把它转化为营销活动的基础。构成营销决策系统的主要统计工具、模型和最佳程序有多元回归、判别分析、因子分析、集群分析、联合分析、多维排列，等等。

2. 设立营销组织

（1）景区营销部门组织的设立原则。市场营销组织的设计要按照市场环境的要求，需要遵循以下原则：

1）市场导向原则。景区市场营销组织的设计必须以满足市场的需求为出发点，确保公司组织机构的整体运作，围绕游客市场的需求来开展，实现“游客—景区—游客”的不断循环上升的经营管理过程。

2）效率优先原则。景区市场营销组织的设立必须遵循效率优先的原则，确保景区在市场竞争中的反应速度。在组织设计中要坚持管理层级上的扁平化和职责职能的系统化。

3）优质服务原则。景区市场营销组织的设计必须保证服务的优质化。在组织设计中应增加服务环节，增加信息传递的长度等。

（2）营销组织的职能。景区市场营销组织的职能主要是：制订景区市场营销战略规划及年度营销业务计划；制定有效的景区产品战略，以确保市场份额及利润最大化；提供高效的游客 / 市场沟通；培育、管理、提升景区品牌；培养和提高整体市场营销能力等。

3. 实施营销计划

景区市场营销计划就是对景区市场主要活动方案所做的详细说明。它规定了解景区各种经营活动的任务、策略、政策、目标和具体指标以及措施，实施和控制景区市场营销计划可以使景区的市场营销活动按既定计划进行，避免营销活动的盲目性。

（1）景区市场营销计划的实施。营销计划的提出和制定要解决的是营销活动做什么以及为什么做问题，而营销计划的实施要解决的是何时、何地以及怎么样做的问题。营销计划的实施是一项系统化的工程，是将计划转化为行动的过程。

景区市场营销计划的实施需要景区内部如一线工作人员、财务和人事部工作人员等团结一心，外部如广告代理商、销售代理商等组织相互协作，这样才能有效地实施营销计划。

（2）景区市场营销计划的控制。控制是将预期业绩与实绩比较，并在必要时采取校正行动的过程。因为在计划执行过程中，难免会发生一些意料之外事，所以对营销计划进行控制是十分有必要的，应注意：

1）明确计划控制的目标，它不同于营销计划目标，而只是控制所要达到的目标，只是营销计划某个阶段的目标，目标必须可测。

2）明确计划的执行情况，这一阶段是监测市场活动的实绩。

3）判断计划执行的结果，这一阶段是将实际结果与控制目标进行比较，明确计划的执行情况，并找到其原因。

4）采取纠正措施，可以从两个方面来考虑：①计划目标是否定得太高；②景区工作人员是否付出了足够的努力。针对这两个方面的原因可以相应地提出纠正的措施。

二、基于大数据的智慧景区市场营销

（一）景区市场营销的新特点

景区市场营销的目的是将旅游者吸引到景区，是景区与旅游者建立起关联的重要环节，旅游者感受、体验、游览景区的旅游资源，景区从旅游者身上获得经济效益。景区市场营销顺利实现的关键在于景区的核心吸引力，景区通过塑造景区的经营品牌与形象增强对旅游者的吸引力，以提升服务水平、开展主动营销吸引旅游者，让旅游者在景区旅游的全过程都能充分互动、分享、体验。大数据视阈下的景区市场营销实现了“前—中—后”全过程跟踪，有效拓展了景区市场营销的时间和空间，真正使景区市场营销实现精细化、个性化以及定制旅游，已经成为景区开拓市场、吸引旅游者的重要途径之一。

（二）景区市场营销的新发展

（1）提升景区品牌吸引力。目前，我国的大部分景区基本上属于资源导向型，景区需要不断地结合优势资源，主打游客异地情感体验品牌，以创意性的促销活动吸引旅游者，让旅游者在对景区“空间—时间”的转换过程中，留下令旅游者难以忘怀的体验感受，无形中会增加旅游者对景区形象的熟悉度。

（2）新营销形式与手段。景区必须不断创新营销形式与手段，保持景区的吸引力。随着旅游者审美水平的不断提升，各种多元化的旅游需求不断涌现，要求景区市场营销通过创新发展保持对传统景区旅游产品和服务的竞争力。

（3）大数据的运用思维。大数据营销给传统的景区市场营销思维、形态等带来一定冲击，景区市场营销模式拓展到不再受时间、空间的限制，其价值也被越来越多的景区所认可。大数据让景区市场营销更加精准，景区发展定位更为清晰，景区市场营销决策的支撑数据更为可靠。

1. 精准把握目标客户

景区市场营销前可以通过大数据的搜索记录功能，查找旅游者的“网络足迹”，进而可以分析旅游者的行为、特征属性、旅游意向等基本信息，可以帮助景区锁定潜在目标客户群实施精准营销，使景区市场营销所提供的营销意向、合同更为精准，提高景区市场营销的成功率。同时，景区经营管理者可以根据搜索排名了解在行业中所处位置的变化情况，也可以预测景区的热度，便于景区结合自身的特点和行业变化及时调整营销策略。大数据将旅游者的实际出行和搜索记录之间关联起来，可以基于此建立景区游览预测模型和景区游览人数的动态反映系统，预测、引导消费者的景区游览、体验活动，进而实现对景区市场营销的有效控制。

2. 精细化服务水平

景区之间的竞争除了旅游产品和旅游资源外，还包括旅游过程中的服务水平。旅游服务水平的高低直接关系到旅游者旅行过程中的体验满意度，事关景区的后续经营。在景区市场营销的过程中，可借助在线旅游服务商（OTA）、大数据处理中心等设备，及时掌握旅游者的动态足迹，分析旅游者的兴趣、喜好等个性因素，有针对性地提供个性服务，加深旅游者在景区的体验印象。特别是随着景区之间竞争程度的加剧，对景区的服务质量等指标提出了更高要求，谁能率先赢得旅游者的认可与满意，谁就能率先抢占市场的先机，赢得景区的美誉度和市场的认可度。

3. 精确掌握体验反馈

在体验经济时代下，旅游者的旅游经验日趋成熟，逐渐趋向于自由、自主的旅游活动，旅游者借助移动互联网设备更容易、更便捷发表自己在旅游活动过程中的体验和感受。景区经营者能够搜集到更为精确的体验反馈，便于景区将旅游者的游览反馈意见融入新的营销方案之中。同时，旅游者的口碑传播是最好的景区宣传手段和形式，成为景区的一种新式广告。

（三）景区市场营销模式的新选择

1. 设置大数据营销系统

大数据营销将成为景区市场营销的主要模式和未来发展趋势，景区经营管理部门在营销过程中要树立“互联网思维”,通过建立景区大数据营销系统，分析景区的客源市场、产品定位以及游客关注点等基本信息，为景区挖掘潜在目标客户并实施精准营销提供基础的数据支撑。

大数据视域下景区精准营销体现在对“人”和“群体”的精准上，因为旅游者往往既是一个独立存在的个体，同时又会分属于不同的网络社区。大数据景区市场营销实现了“一对多”的精准营销局面，扩大了景区精准营销的范围和影响力。大数据时代需要景区改变经营理念和营销方法，对于景区客流预测、热度分析需要基于大数据的分析与处理，而不应仅仅依靠过往经验来进行预测。同时，如果景区坚守传统营销模式，而竞争对手采取大数据营销模式，这样可能造成景区因为一时决策失误，耽误景区发展的机遇，并可能导致景区处于追赶者的地位，丧失大数据营销所带来的红利。

2. 建设大数据营销联盟

大数据视域下的景区市场营销受数据采取难度、成本等因素的制约，主流营销模式是景区与大数据平台公司之间的合作，而景区与景区之间的组合营销模式较少。景区与景区之间的关联也需要借助大数据平台公司，从长远看制约了景区市场营销平台建设和营销模式的创新。

随着景区智能化的推进，景区大数据平台的硬件设施和软件系统都得到了极大的提升，各个景区基本上建立了数据采集部门，配备数据处理的设备、设施，并为大数据营销平台配备了资金和人力支撑。景区与景区之间的联系也更为便捷，为组建景区大数据营销联盟奠定了基础。景区大数据营销联盟是一个非常庞大的系统工程，需要景区创新营销思维、共同推进。通过组建大数据景区市场营销联盟密切了景区间的联系，可实现资源、客源、信息源等数据信息的共享，在降低景区市场营销成本的同时，也把景区打造成为利益共同体。景区在组建大数据营销联盟的同时，也要与当地政府网站（旅游政务网）、搜索引擎公司、旅游营销网站等合作，扩大景区的营销面，进而增加景区的销量。

3. 建立景区游客服务平台

基于大数据构建景区游客服务平台，关键是以游客为中心，让游客切实感受到该平台的便捷与安全，愿意在景区游览的过程中使用该平台，并尽可能地提供真实、完全的信息。在游客使用服务平台的过程中，景区可以通过游客的注册、登录、检索等行为，对游客属性、行为特征、游览习惯等信息进行采集，寻找、发现对景区市场营销有价值的数据，进而建立景区自己的大数据库。

景区游客服务平台是景区服务的延伸，游客通过景区服务平台开展自主查询、线路检索、体验点评等，实现了景区服务的全程化，让游客感受到景区服务的存在。同时，基于景区游客服务平台，景区和游客之间由单向传播转为双向交流，能够就碰到的问题实现即时沟通、协调，可真正实现“以顾客为中心”的定制化营销。景区通过游客服务平台反馈的意见，及时发现景区存在的问题，有针对性地改进和创新景区产品、线路，提升景区的服务质量。

4. 创立景区文化体验中心

依托大数据打造景区文化体验中心，通过文化创意对景区产品进行再设计，赋予景区新的吸引力，是让景区重新焕发生机的一条切实可行的路径。在体验经济时代，旅游者不再单纯到景区观赏自然风光，更渴望置身景区之中，享受时空、文化差异所带来的情感体验。

作为景区经营管理者，应该围绕旅游者的这种体验需求，结合景区的资源状况策划实施一系列主题活动，达到吸引旅游者注意力，并到景区实地体验的目的。旅游者的到来，一方面给景区带来实实在在的门票收入，另一方面也起到了提升景区知名度的宣传作用。

第三节　大数据背景下智慧景区游客体验管理

旅游体验是指游客在旅游过程中心理水平和心理结构的调整过程。旅游的本质就是体验，从旅游体验的范畴来看，广义的旅游体验是一系列特定体验活动的产物，是游客感受旅游吸引物的过程，包括旅游者在一个特定旅游地划分时间来游览、参观、学习、感受所形成的个人感知、地方印象记忆消费的产品等；狭义的旅游体验是指为游客提供参与性和亲历性活动，使游客从中得到感悟。

旅游体验是旅游活动的隐性内涵和主观感受，是游客对旅游吸引物的感知，在旅游活动中表现为游前旅游信息搜索、游中情感表达、游后心境总结三种方式。

一、景区游客体验管理

（一）游前旅游信息搜索

旅游决策是指个人根据自己的旅游目的，收集和加工有关的旅游信息，提出并选择旅游方案或旅游计划，并最终把选定的旅游方案或旅游计划付诸实施的过程，包括确认旅游需要—旅游信息搜索—备选方案评估—旅游购买决策—旅游产品购买评价等五个过程。

旅游信息搜索成为旅游决策过程的重要阶段，是旅游活动的重要内容，支撑旅游决策和旅游产品选择。而已有的研究成果证实了，游客对旅游信息的获取主要在其计划旅游出行时。因此，游前的游客信息搜索行为特征为掌握潜在游客行为特征提供了依据。

出行前游客体验的过程表现为对旅游目的地感知及相关准备工作的实施，包括游客对旅游目的地各种设想和想象，具体表现为游客信息搜索行为特征。随着关注点逐渐清晰，旅游目的地的形象日益鲜明，而游客对个人需求随之明朗，其旅游动机及偏好表达的比较清晰。

1. 旅游信息搜索动机

信息搜索动机是旅游信息搜索行为的起点，是旅游信息搜索启动阶段的根本动因，体现了信息搜索的任务。旅游信息搜索动机分为规划型动机、交易型动机、体验型动机、娱乐型动机、消遣型动机等五种类型。如关中汉唐帝陵游客信息搜索动机主要集中在帝陵目的地选择、愉悦心情、增长知识、全面了解所选帝陵目的地、满足求新求异心理、满足旅游渴望、消磨时间以及增加聊天话题。

2. 旅游信息搜索时间

信息搜索时间是指游客何时搜索、搜索持续时间等，表现了游客信息搜索的努力程度。信息搜索时间策略是指信息搜索活动的时间性及计时规则，即游客何时搜索、搜索持续时间等。通过测度游客信息搜索时间特征，可以了解游客在信息搜索过程中付出努力的程度。

游客信息搜索时间策略与其信息搜索动机有着密切关系。如游客在进行旅游目的地选择时，也就是旅游需求不甚明确时，游客会循环搜索帝陵目的地信息。

游客信息搜索时间与出行时间密切度高，时间的提前幅度说明了旅游决策较为慎重。旅游信息搜索时间策略还表现在每次进行信息搜索所耗费的时间。

总之，游客出游意愿越强烈，旅游计划越详实，需要信息搜索时间越长。

3. 旅游信息搜索过程

信息搜索过程分为三个阶段：①信息需要阶段。信息需要阶段是信息搜索的启动阶段，由信息搜索任务及目的决定，表现为信息搜索动机；②信息搜索阶段。信息搜索阶段是信息搜索策略实施阶段，由信息源、信息渠道等构成；③信息利用阶段。信息利用阶段是信息处理阶段，表现为用户基于信息搜索后采取的有目的和有意义的行动。

4. 旅游信息渠道

旅游信息源的选择是指游客将根据自身旅游信息需求选择合适的信息来源，一般分为由作者原创的一次信息源、对一次信息源进行加工处理提取的二次信息源、以再生信息源或工具书为代表的三次信息源以及图书馆、档案馆、数据库等为代表的集约信息源。

旅游信息渠道是指游客传递和接收旅游信息的途径，是旅游信息交往中所使用的信息通道。从面向的对象范围，可分为开放性信息渠道和封闭性信息渠道。其中开放式信息渠道包括大众传媒在内的、不局限于特定信息流通对象的信息途径，封闭性信息通道则是指特定信息交往之间的信息途径。旅游信息利用阶段是指游客信息搜索行为执行后，结合信息搜索结果做出的旅游决策以及旅游购买方式。

旅游信息利用是旅游信息搜索的最终目的，是为了解决游客旅游信息需要，降低旅游不确定性，进而进行旅游决策，其表现形式为是否购买及何时购买。当游客认为此次旅游信息搜索满足其需要，便会完成旅游决策，或放弃该旅游目的地，或进行旅游产品购买。

旅游购买方式反映了游客对旅游信息的信赖程度。旅游信息质量越可信，游客购买的即时性越强。

（二）游中情感表达

游中游客行为是指从游客离开惯常居住地到返回整个阶段空间位移、体会与感受，强调其“现场性”，包括游客在这个过程中实际体验到的每一个要素以及对要素的评价。以即时性网络沟通工具提供的大数据服务，最大限度获得研究区域即被研究的旅游目的地游客体验数据，为旅行中游客体验信息搜集提供了工具和平台。特别是，能够站在游客自己的立场上、实时表达个人体验感受，不受调查者、调查方式的影响，所得体验信息更真实可靠。

1. 游客时空行为模式

游客时间行为体现了游客在一定时间范围内的旅游过程，反映出旅游行为时间规律。由于气候变化、突发事件、节假日安排、旅游营销、旅游资源属性、交通距离、人口统计学特征等因素的影响，游客出行出现明显的叠加，呈现出显著的差异性和规律性。

游客空间行为体现了游客在一定地域范围内的旅游过程，反映出旅游行为的地理性质。根据游客活动范围和移动距离可以分为大、中、小三个尺度空间行为。大尺度空间行为是指游客从客源地到目的地以及多目的地之间的流动，中尺度空间行为是指在单个目的地内部的空间分布和移动模式，小尺度空间行为指游客在单个景区内部的空间分布规律和行为模式。

2. 游客感知行为模式

旅游感知是旅游者在旅游者常住地或旅游目的地将外部信息被动接收后和自身已有的旅游经验进行对比所形成的和旅游目的地事物密切相关的认识和评价，是游客在与旅游目的地或景区接触过程中形成的综合印象，表现为游客在消费旅游产品或服务和支付价格以后所得到的主观感受。

游客对旅游活动过程及其服务的满意程度，主要取决于游客感知水平。

通过感知,游客筛选出旅游活动中的关键信息,表达个人对旅游目的地的态度,进而为下一次旅游决策提供借鉴。

旅游感知自身的性质差异会形成游客不同态度和后续的不同旅游行为。因此感知的情感属性才是游客感知的本质内涵。只有在旅游活动中获得了积极情感，游客才会持续推进旅游活动，并期待下一次的行程。

游客感知差异分为：①原生形象。原生形象是指游客还未到达目的地时，通过信息搜索获得游前感知印象；②诱导形象。诱导形象是游客实地旅游后、亲自感受和体验后获得的感知印象。

旅游过程中游客“沉浸”旅游目的地其中，真实感受了旅游原真性，因此,更具有客观性和真实性。如关中汉唐帝陵游客获取旅游信息渠道过于单一,游客关注热点集中，这就造成原生形象薄弱，潜在游客无法获得期望的感知信息。游客只有通过旅游活动的开展，真正参与到旅游产品当中，才能形成真切的旅游感知。因此，探讨游客在旅游过程中的不同心理感受即游中的游客感知更为重要。

旅游活动自身的综合性，使得游客感知内容呈现复杂性，因此受到多重因素的影响。如游客在进入帝陵景区后，通过参观游览收集到帝陵景观特色、帝陵景区服务、帝陵环境质量等感知因素的信息，在个人因素的作用下对感知因素信息进行加工、处理，形成游客感知。由于感知带有情感属性，因此形成了积极情感的游客感知和消极情感的游客感知。怀有积极情感的游客会对景区报以较高的评价，实现重复购买，成为忠实游客；怀有消极情感的游客则会对景区评价过低，产生抱怨，并形成负面口碑。因此，景区游客在旅游过程中受到哪些感知因素刺激、形成何种情感，对提高游客满意度、提升景区质量有着重要意义。

（三）游后心境总结

游后的游客体验是游客旅行结束、返回惯常居住地后对旅游记忆的一种整理过程。个人感悟是在真实感受过旅游目的地之后，游后的游客体验会针对整个旅游行程进行总结，剔除旅游中瞬间感受，即时性降低了，而持久性提高了。经过游客理性思考之后，游客体验信息更全面，旅游体验储备增加，进一步转变为人生体验，最终实现自我升华。

1. 基于微博的游后心境总结

网络游记，又被称为旅游微博，是旅游者实际前往旅游目的地之后记录下来的点滴，是旅游者分享旅游体验的一种方式。

近年来，网络游记不但逐渐成为获取旅游信息的一种重要来源，而且成为一种传递旅游信息的网络口碑，帮助并影响着旅游者的决策行为。利用开放的网络平台，真实记录了自己旅游的经历和感受，向他人展示旅游经历，强化个人旅游体验，充分尊重信息的原生态意义和原形态价值，从而使旅游真实性感受的丰富景观完整地浮现出来，属于一种后旅游体验行为。因此，网络游记具有个人化、真实性、共享性特征。网络游记的特性，为现实游客提供了分享和交流的平台，也为潜在游客提供了旅游决策依据，并为旅游目的地经营管理提供了信息来源。

2. 基于短视频的游后心境总结

短视频是一种视频长度以秒计数，通过移动终端实现的快速视频拍摄与效果美化编辑，是一种新媒体平台上能够进行实时分享的新型社交形式。游客将旅游中拍摄的照片，产生的趋势，分享在个人账户之中。景区利用短视频将各种极具特色的旅游景点本身、有趣或是震撼的情景活动、配以不同风格的音乐、炫酷的画面观感体验，形成了一个极具活力和趣味的旅游品牌宣传门户，提高景区曝光率。

二、基于大数据的智慧景区游客体验管理

（1）选择数据源。旅游大数据源包括社交媒体产生的各类的短评和游记，在旅游电商平台购物后留下的评论信息等多种类型。用户自生成内容（UGC）中蕴含着丰富的情感信息，为深入挖掘用户情感提供了海量数据。以文本形式是现的 UGC 成为了情感分析和观点挖掘的重要来源，尤其是 UGC 用户创造的大量主观文本和复杂交互式文本，具有更多的主观能动性、多样性和情感的复杂性。

（2）注重游客情感。流动性是旅游活动的一个重要特征，尤其是游客情感贯穿于旅游活动的始终，并随旅游者的时空转移而不断发生变化，产生诸如愉悦、兴奋、惊奇、疑惑、忧愁、恐惧、愤怒等多种情感，这些情感会随着旅游的动态过程而呈现出多样化和易变性的特点。游客情感研究的传统方法——“感官日志”法，无论对研究者还是被调查者来说均是一种教力的挑战，

但微博、游记等社会化媒体数据，具有典型的时空特征。通过挖掘旅游大数据，可以分析不同时空尺度下游客情感体验的波动规律，不同主题类型旅游目的地（景区）游客情感体验的变化，不同游客群体的情感时空对比，研究游客时空情感变化的影响因素及其变化机制。

（3）借力智慧城市。智慧景区建设离不开智慧城市建设的基础环境。智慧景区高度依赖所在区域的基础设施，基础建设投资巨大，需要协调各方面的关系，仅仅依靠建设智慧景区很难实现。智慧城市一般是地方政府推动，并在基础设施建设上有完善的解决方案和对应的资金预算。智慧景区应该充分利用智慧城市的建设成果，完成与智慧城市各元素的对接，例如智慧交通、智慧旅游等。在借势智慧城市发展的基础上，中山陵景区可以逐步通过对大量数据的分析和挖掘，指导和管理工作，更加精准的根据游客特征和偏好推介有吸引力的旅游产品和服务，更好进行客流疏导和调控，更方便地整合信息资源而开发出更有针对性和个性化的旅游产品。

（4）建立智慧景区联盟。建立智慧景区联盟，通过整合资源，协同发展，城市智慧旅游的发展取得了一定的成效。智慧景区联盟的本质是建立起一个沟通机制，各方势力在联盟的协调下共同工作，充分发挥旅游主管部门、各个景区、相关旅游企业等各层面的作用，形成合力和协调机制，进一步加强景区、政府与相关旅游企业之间在“智慧景区”建设中的广泛交流与合作，对智慧景区规划、建设、管理以及服务等方面的提升有着积极的作用。而且，智慧景区联盟站在全局的高度统筹考虑整体解决方案，具有节省成本、积聚资源、降低风险、增强旅游景区竞争力等优势。

第四节　大数据背景下智慧景区质量管理

一、景区产品质量管理类型与方法

（一）景区产品质量管理类型

景区旅游产品质量问题涉及景区的各个方面，它包括：

（1）景观质量。景观质量体现在景区旅游资源综合规划方面，是以旅游功能为主的地理综合体和人文环境。

（2）物质产品质量。物质产品质量主要是指旅游住宿、旅游餐饮和旅游商品的实物质量。

（3）环境质量。环境质量是能够给旅游者提供舒适、方便的食宿、娱乐、游览、购物条件，创造一个能满足游客精神享受要求的旅游景观环境。

景观质量和环境质量主要在旅游景区规划中进行考虑和管理，它们是旅游景区赖以存在和发展的客观条件。

旅游产品质量管理主要包括以下四个方面：①实物商品质量；②服务环境质量；③设施设备质量；④劳务质量。

（二）景区产品质量管理方法

1. 景区全面质量管理

全面质量管理的含义应该有五个要点：①强烈地关注顾客；②坚持不懈地改进；③改进组织中每项工作的质量；④精确的度量；⑤向雇员授权。针对旅游景区而言，全面质量管理要把握以下方面：

（1）质量控制。质量是指“最适合于一定顾客的要求”“控制”一词表示一种管理手段，指监督和检查计划的执行情况和目标的实现程度。质量控制包括四个步骤：①制定质量标准；②评价标准的执行情况；③偏离标准时采取纠正措施；④安排改善标准的计划。

（2）影响质量的因素。

第一，技术因素，包括设备、管理手段和服务标准等。

第二，人的因素，即所有参与其中的员工及在旅游景区内从事经营和服务的人员。

在这两类因素中，人的因素重要得多，尤其是那些同旅游景区内从事经营和服务的人员，他们在旅游景区内的经营活动将影响企业质量水平，他们同企业的特殊关系决定了企业处理问题存在一定的难度。

（3）建立质量体系。质量体系是为满足顾客需要而建立的，顾客是这个体系的焦点，整个运作要以顾客为中心，这是开展质量管理工作的一种最有效的方法和手段，也是国际标准为旅游业确定的一个不可动摇、不容辩驳的主题——保证顾客满意。只有建立了完整有效的质量体系，才能够实现全面质量管理的目标。

（4）领导作用。领导是指管理者为促进和指挥属下履行岗位职责，对于员工给予指导和监督，以确保得到最高和最佳的工作效率，在这里是动词的含义。在旅游景区管理中，总经理要成为公司质量管理的“总设计师”，应当使下级明白自己的意图，把他们的积极性、创造性充分调动和发挥出来，更好地实现管理目标。

（5）全员参加。服务质量是员工素质、服务技术素质、管理素质和领导素质的综合反映。服务质量涉及各个部门和广泛的旅游产品，更要向他们提供周到细致的服务。游客的消费活动完成，服务即告结束。服务是旅游产品不可分割的部分，这些服务包括提供有效的信息、必要的设施设备和场所，以及给游客安全感和愉悦感。

综合看来，景区全面质量管理是以全面提高旅游景区服务质量为目的，以全体人员为主体,综合运用现代管理手段和方法,通过建立完整的管理体系，不断提高旅游景区服务质量的管理活动。

2.PDCA 循环管理方法

PDCA 循环是指全面质量管理的各项工作必须按照计划、实施、检查和处理四个阶段的顺序进行工作，如此循环而已。PDCA 循环管理方法有四个特点：

（1）PDCA 四个阶段必须首尾相接，缺一不可，前后次序不能颠倒。

（2）PDCA 循环是螺旋式上升的运动过程，四个阶段周而复始地运转，每完成一个循环便应根据面临的新问题和原有的遗留问题，选择新目标进行下一次循环，使质量稳步上升到新的水平。

（3）循环。就一个景区而言，从整个景区到每个部门、班组和员工，都有自己的 PDCA 循环，这样就形成大循环套若干个中循环，中循环又包含若干个小循环。尽管不同层次的循环内容有所不同，但都围绕着景区质量的共同目标,存在着密切的联系。大环是小环的运转依据,小环是大环运转的保证。全面质量管理的真正效果，要在大环运转之后才能取得。

（4）对于成功的经验，要认真加以总结并纳入景区的标准化管理；对于失败的教训要认真吸取，避免再发生；对于尚未解决的问题，要列入新的循环内容。只有这样，服务质量和管理水平才能不断提高。

二、旅游公共服务质量改进实践

（一）景区服务综合质量管理

1. 景区服务质量

景区服务质量是指景区的服务所能满足旅游者显性或隐性需求、满足旅游者物质或精神需求的特性的总和，包括服务质量、环境质量、景观质量及旅游者意见评价。景区服务质量是景区的生命线，服务质量的提高是景区管理各项职能充分发挥作用并相互协调的结果。服务质量也是景区综合管理水平的反映，从服务质量的好坏就可以判断出景区经营管理水平的高低。

景区服务质量带有明显的主观性与不确定性，可由游客满意度来衡量。游客对景区满意与否，很大程度上取决于景区与游客之间在服务质量问题上的互动程度。这种互动关系反映出游客的满意度不仅受实际感知的服务质量影响，而且还受到其自身所期望的服务质量的影响。通常情况下，游客希望所选择的景区是“物超所值”。这样，景区就有一个如何将“物有所值”的产品转化成游客“物超所值”的感知的问题。

景区是以设施设备和景观环境为凭借，为旅游者提供多样化休闲娱乐服务的旅游形态，所以，景区产品是由硬件、软件、流程性材料和服务等四种类别构成的组合性产品。另外，由于旅游业是服务业的重要组成部分，而景区是旅游业的产业支柱之一，所以景区尤为重视服务质量。从这个角度讲，服务质量是实现“物有所值”转化成“物超所值”的重要因素。

2. 综合质量管理

（1）旅游景区卫生质量管理。景区环境卫生管理主要包括以下内容：

1）自然环境卫生。自然环境卫生包括大气卫生、水体卫生、土壤卫生、噪声、动植物的卫生状况等。主要的管理方法有：进行环境卫生知识的传播，加强旅游者环境保护意识，正确引导旅游者的行为；控制景区内交通工具的尾气排放量；减少使用煤等易造成空气污染的燃料；加强景区的绿化；采取高效的垃圾处理措施，如加强跟踪式清扫力度、设置生态型垃圾箱、加强垃圾清运等。

2）游览环境卫生。游览环境卫生包括游览场所卫生、设备设施卫生、公共卫生、卫生设施布置等。主要的管理方法有：参照国家卫生部颁发的相应的公共场所的卫生标准执行具体的卫生工作；安排专门的管理人员，对游览环境的卫生进行实时保持；设置标识明显，数量合适的垃圾桶，方便游客使用注意公厕卫生的保持。

3）服务人员卫生及餐饮卫生。景区向旅游者提供的是以旅游资源、环境、设备设施等为依托的服务产品。景区除了要为旅游者提供清洁的环境外，服务人员也应参照卫生标准提供规范化的服务，此外，服务人员还应保持个人卫生，达到从业的卫生保健标准。景区的全体服务人员还应有较强的环境保护意识、卫生意识、服务意识，要以身作则，为旅游者塑造良好的示范效应。

饮食业不仅要保证食品的质量，还应将食品对景区环境的影响降到最低限度。随着饮食业的发展，油烟、生活污水、食品残渣等的排放量的增加在一定程度上影响着景区的环境质量。

4）旅游者行为卫生。拥有清洁卫生、舒适安静的景区环境不只是景区经营者的责任，旅游者在景区的活动也会给景区的环境质量带来影响。旅游者的不良卫生习惯、环境意识薄弱、不遵守景区的环境规范等都将破坏景区的环境。相反，若旅游者能自觉地共同维护景区的卫生环境，则会保证景区的环境质量。可以说，旅游者的行为与景区的环境质量的维护是互动的过程。

（2）旅游景区园林绿化管理。

1）旅游景区绿化基本原则。旅游景区的绿化不同于市园林的绿化，更不同于林业造林，它是以多种类型的风景林为旅游景区绿化的基本形式，使其生物性特性、艺术性和功能性相结合。

旅游景区的绿化主要是美化环境，另外还有调节气候、涵养水源等功能。旅游景区的观览区、交通道路、目光所及的山坡是绿化的重点区域。

2）旅游景区绿化管理方法。植物配置是景区绿化体系的一部分，也是景区建设中的重要内容。它是景区绿化的精品，起着生态平衡和改善环境质量的作用。

观赏植物所引起的感官效应，不仅由植物本身的特性所支配，而且很大程度上由植物的配置方式所决定。自然界的山岭上和河湖溪涧旁的植物群落，具有天然的植物组成和自然景观，是自然式植物配置的艺术创作源泉。中国古代园林和较大的公园、风景区中，植物配置通常采用自然式，但在局部地区，特别是主体建筑物附近和主干道路旁侧也采用规则式。园林植物的布置方式主要有孤植、对植、列植、丛植和群植等几种。

（3）旅游景区环境质量管理。

1）水体环境质量管理。旅游景区应该贯彻可持续发展战略，使生态系统实现良性循环，必须有一个阳光明媚、空气清新、环境幽寂的旅游环境，满足游客观赏和行为心理的需求。水体质量对当地居民和景区质量管理。旅游的可持续发展具有重要的意义，应特别注意旅游活动对水体环境的影响，必须对水体环境实施综合治理，有效管理。

2）大气环境质量管理。随着旅游景区的开展、知名度的提升，游客数量不断增加，其乘坐的交通工具排放的大量有毒尾气、扬起的尘埃、宾馆饭店排放的尾气、旅游景区内的单位和农民燃烧秸秆产生的烟尘等等，都会对旅游景区的空气产生影响。

旅游景区空气环境质量直接关系到游客旅游的满意程度，因此，景区大气环境的保护在景区管理中越来越受到重视。

3）声环境质量管理。旅游景区的噪声管理主要加强对交通噪声、生活噪声和娱乐噪声的管理。旅游景区的噪声会对旅游者的心理产生极大的影响，直接关系到旅游者旅游的满意程度。因此，对噪声的控制是必要的，已采取以下措施：

第一，所有机动车禁止在旅游景区鸣喇叭、鸣笛。在旅游景区的道路两旁设立明显的标志，对进入景区的司机及司乘人员在进入景区入口处予以提示。对违反者采取严厉的处罚措施。

第二，在景区游览区域内使用电瓶车等环保运输工具，禁止拖拉机等污染大的设备在景区内主要游览区行驶。对于一些规模较大的旅游景区，尤其是景区内保持原生状态、景区内部有居民居住的，在旅游景区规划中，要充分考虑旅游交通与居民内部交通的协调。

第三，人为地设置隔音设施设备，在景区外围建立 30 ~ 50 米宽度的防护林带，以减少外界噪声对景区环境的影响。

4）固体废弃物管理。固体废弃物能分类收集和无害化处理，建立完善的垃圾收集及处理管理办法，完善旅游景区垃圾处理的方案设计和论证。各景点内的固体废弃物应建立完善的垃圾分类收集系统，加强对危险废物的收集和管理，各类固体废弃物应定期集中运到专业垃圾处理场所加以处理或委托环卫部门、有资质的固废处理中心处理，杜绝就地堆放和深埋。景区内多设置垃圾箱，收集游人丢弃的垃圾。对游人进去景区游览，每人可发一只垃圾袋，供其使用。

（4）景区承载力管理。承载力分析是任何层面的旅游规划制定和管理都要遵循的一个基本准则，但做出一个完全准确的承载力分析是十分困难的，且涉及众多变量，同时需要指出的是，承载力的衡量目前尚无统一的标准。

目前，许多学者对我国旅游环境承载力的测算方法进行了研究。将旅游环境承载力分为：与旅游区自然环境相对应的环境生态承纳量和旅游者感知承纳量，与工程物质环境相对应的经济承载量，与社会文化及精神环境相对应的当地居民的心理承载量。

景区承载力综合性考察景区对当地发展旅游带来的自然、社会、经济、文化等各种形式的冲击的承载能力。因此，对景区承载力的衡量不能仅仅停留在数据上，而应该从发展旅游会对景区当地带来的各种变化的角度出发。

（二）旅游公共服务质量改进的动因

1. 注重质量

质量反映一个国家的综合实力，是企业和产业核心竞争力的体现，是国家文明程度的体现；既是科技创新、资源配置、劳动者素质等因素的集成，又是法治环境、文化教育、诚信建设等方面的综合反映。从各国质量发展策略来看，大家都不约而同地看到了质量发展对于一个主权国家崛起的极端重要性，纷纷采取决然措施，推动质量发展、国家振新。可见，注重质量已经成为各国发展的普遍路径。

2. 驱动质量

旅游公共服务是政府或受政府委托的企事业单位，基于对游客（含潜在游客）需求的预测，为其提供的满足旅游休憩的各种公共服务产品、设施设备和人文环境等，它是政府公共服务的重要组成部分，尤其在大众休闲时代，它更是影响游客对旅游目的地政府服务的质量感知和满意度。因此，旅游公共网站、旅游咨询服务中心、旅游集散中心等旅游公共服务质量的载体就成了承载旅游目的地城市政府公共形象的前沿哨所。然后，旅游公共网站、旅游咨询服务中心、旅游集散中心等作为旅游公共服务质量改进的具体形态、组织方式以及运作过程等还需要进一步探索，能够作为评判标准的只有服务本身，即提供的旅游公共服务是否满足游客（含潜在游客）的偏好与需求。

沿着这条评判标准出发，可以从两个方面加以突破：

（1）从服务本身出发，提出游客与企业切实需求的公共服务。对提供旅游公共服务的具体企事业单位实现严格的全面质量管理，重新梳理政府所应该承担的旅游公共服务职能，以及可以合作、外包、准入等形式供给的旅游公共服务。

（2）提升公共服务的供给质量，在供给效率、供给流程以及供给方式等方面加以全面改进，并以一定的方式对其加以量化、固化。我国正在进行的旅游公共服务质量改进探索，以游客满意作为衡量评价旅游公共服务质量改进的标准，以评价的形式将游客所期待的服务效率、服务方式等固定下来，并定期加以公布，指导涉及旅游公共服务供给的相关单位有针对性的加以改善并持续改进。

旅游公共服务质量是旅游行业在探索服务型政府建设过程中的产物，它的根本目的是不断满足游客（含潜在游客）对高质量的旅游公共服务的需求，不断彰显服务型政府的内在本质。

3. 提升质量

在当前新常态下要推动旅游服务业持续健康发展，就得从满足游客需求出发，推动旅游公共服务质量向更便捷、更周到、更安全、更高效的国际化目标迈进；要全面挖掘旅游需求，更加重视补齐公共服务质量这一短板，更加注重入境游市场的开拓，尤其是开发经济发达国家的入境游。

旅游公共服务质量改进兴起的动因，主要体现在各国发展都注重质量并把它作为常规发展路径，也是一定经济社会条件下民主政府内在追求的动力，也与当前旅游服务业质量供给与旅游可持续发展尚不匹配等有关。

4. 旅游公共服务质量管理改进框架

服务质量持续改进必须经过特定的程序，通过分阶段、不间断的运行来实现质量持续改进和全面质量管理。旅游公共服务质量的管理框架是由一系列过程和环节有序组合而成的活动体系，它描述了旅游公共服务质量改进的基本步骤和不同阶段。无论对于旅游公共服务质量改进的理论研究还是实践发展，构建以游客满意为核心的旅游公共服务质量改进的管理框架都具有十分重要的意义。

旅游公共服务质量改进的根本目标在于实现游客满意，促进服务型政府的全面构建，促进和谐社会的持续稳定，促进旅游产业的健康发展，它离不开旅游公共服务质量管理的环境，缺乏质量管理过程中的任何环节，旅游公共服务质量改进都会失去了存在的意义，也没法发挥应有的作用。因此，在当前我国倡导大力发展旅游服务业的背景下，实施旅游公共服务质量改进活动，不应仅仅局限于旅游公共服务质量的目标确立上，也不能在传统的旅游行政管理模式下强制推行旅游公共服务质量改进，而是要积极营造质量管理的氛围，按照质量管理的原则和管理过程，建立旅游公共服务质量改进的治理框架，从而真正实现旅游公共服务质量持续改进。

旅游公共服务质量改进是在贯彻一定理念和原则的基础上，通过服务质量目标设置、服务质量监测、服务质量评价和服务质量改善四个紧密相连的步骤和环节，运用质量管理技术与方法，实现旅游公共服务质量改进的目标。

（1）制定质量目标。制定质量目标是旅游公共服务质量改进管理系统的第一步，质量目标必须是在现有软硬件基础上，基于游客对旅游活动的期望与感知的差距。这是实现旅游公共服务质量持续改进的前提。然而，制定旅游公共服务质量目标并非易事，它没法直接套用某地或某国的旅游公共服务质量体系，也没法根据主观意愿闭门造车；而是需要综合考虑各方面因素，坚持以游客满意为核心，结合游客需求的变化，动态调整旅游公共服务质量目标。

（2）实施质量监测。实施质量监测是旅游公共服务质量改进管理系统的第二阶段。已经确立的旅游公共服务质量目标体系本身能不能发挥作用，多大程度上能发挥作用，只有将其付诸具体行动和措施中，才能检验旅游公共服务质量是否持续改进。旅游公共服务质量改进这一阶段的核心问题是如何保证质量监测的有效性。这不仅与旅游公共服务质量改进本身的制度、环境、文化氛围、习惯认知等客观因素相关，还有目的地城市的领导认知、发展定位、政策扶持、部门职能、工作人员综合能力、公众配合等主观因素有关。此外，旅游公共服务质量改进的力度与效果，还与旅游服务相关科技方法的运用息息相关。

（3）开展质量评价。以服务质量目标为依据的服务质量评价是旅游公共服务质量改进管理系统的第三阶段。目标管理实施过程中的质量控制是一种动态的过程评价方法，而在此阶段针对的是服务结果质量，它是对旅游公共服务质量目标实施情况的考察，是对实际服务质量水平的测量，也是未来旅游公共服务质量改进的依据。

（4）持续质量改善。服务质量改善是旅游公共服务质量改进管理体系中的第四阶段。它是根据质量评价结果和信息而采取的质量改进行动与措施，决定了旅游公共服务质量改进新一轮质量管理的方向，确保旅游公共服务质量过程的可持续性和科学性。

（三）旅游公共服务质量的改进策略

1. 优化智慧旅游平台

大数据时代，为了实现旅游公共服务质量持续改进，优化是指优化顶层设计、凸显公共性，优化技术支撑、体现先进性，优化应用体系、增强普及性。

（1）优化顶层设计。顶层设计是指运用系统论方法，从全局视角，对大型复杂系统建设的各方面、各层次、各要素统筹规划，以集中有效资源，实现结构优化、功能协调、资源整合等目标。之所以要优化顶层设计，就是要通过系统重组，实现资源利用最大化，组织流程最优化，协同供给效益化。顶层框架如下：

第一，核心体系是综合应用。核心体系的内部可分为基础服务、行业应用、集成应用三个层面，体现系统融合和信息共享导向。基础服务层又包含网络服务、数据服务、载体服务，其建设导向是集约建设、资源共享；行业应用层包括电子政务、电子商务、电子事务三大领域，其建设导向是聚焦业务、丰富功能；集成应用层包括协同应用和交互服务，其建设导向是强调统筹规划、融合服务。

第二，关键体系是组织领导。该体系包括组织协调、实施推进、决策咨询等。组织协调体系中，除保留高规格的省市领导挂帅外，更重要的是增强旅游、信息、规划等部门领导的决策话语权，同时建立涵盖市区街的智慧旅游绩效评价和分工考核体系。实施推进过程中，要赋予智慧领导小组办公室更大的协同治理权限，以全力推进以大数据的智慧建设等工作。决策咨询体系中，要兼顾技术性与公共性，成立由技术、政策、实践等领域专家组成的决策咨询委员会，促进决策咨询的科学性。

第三，保障体系是政策法规。要充分利用地方立法权，为基于旅游服务的智慧建设制定相应政策法规。将智慧规划设计、项目管理、示范工程建设、信息资源管理、信息安全管理等纳入法制化轨道；优化市政府部门绩效评估指标考核表，将智慧旅游城市建设绩效考核结果与部门绩效挂钩，并纳入领导干部绩效考核内容；完善旅游发展专项资金管理办法，建议将其与财政性投资信息化项目和专项资金管理办法等合并优化，吸引社会资金共同参与信息化项目建设，加快以智慧旅游应用为核心的智慧建设；制定数据标准规范，提高数据质量，促进信息资源跨部门共享，制定信息资源交换共享的地方性标准。

第四，主线体系是信息共享。优化信息资源体系数据的采集方式，在将广泛征集部门业务需求基础上，梳理好数据源，推进共享交换，逐步实现基础信息资源大集中。

在信息资源载体建设过程中，重点建设数据交换和数据存储体系。数据交换体系采用“1+N 方式，重点推进游客、旅游服务企业、旅游服务从业人员、车辆、地理、应急信息等各类基础数据交换，并实施标准化处理。

在信息资源开发利用中，重点是规划实施数据仓库工程，构建以游客（含居民）应用信息库、企业应用信息库、城市部件信息库、政务信息资源库和地理信息库为核心的信息资源管理服务平台。建立完备的资源目录体系和丰富的数据接口，以满足部门数据共享的一般性需求。强化数据分析，丰富数据挖掘模型，为政策模拟、决策辅助及各类智能应用提供数据支撑。

第五，基础体系是安全保障。在全市网络与信息安全的总体架构下，智慧要遵循贯彻落实国家信息安全等级保护制度有关要求，从组织、管理、技术、运维方面多管齐下，确保基础信息网络和核心要害信息系统的安全可控。加强信息安全管理。从智慧业务系统设计、建设实施，到后期运维各环节都充分保障智慧城市建设的信息安全，形成一个闭合的智慧城市建设安全保障环；强化安全保障应急机制。加强安全检查、风险评估、网络信任体系和容灾备份体系建设等，实现安全监测预警平台效用的最大化。

积极引导培育信息安全产业发展，并大力加强智慧城市安全防范宣传和人才培养。这种以智慧旅游应用为核心的智慧建设，才能全面满足游客（含市民）、企业、政府三大主体的共同需求，让游客游玩更满意、企业发展更优化、政府运转更高效，推动共享目标实现。

（2）优化技术支撑。技术支撑，就是指运用现代科技手段，从服务游客需求的视角，全面运用旅游信息科技、旅游现代展陈科技、旅游装备制造科技、旅游环境保护科技，以便游客更好获取、感知、体验等，促进旅游过程的参与性、互动性。旅游科技创新了旅游服务生产、管理、交易和消费各环节的方式与模式，提升了旅游公共服务质量与游客感知，产生了一系列旅游新业态和新产品，加快了旅游服务业发展，提高了旅游服务业生产效率，推进了旅游服务业可持续发展，是旅游创新发展的核心要素，是促进旅游服务业由传统向现代转化的重要力量。

目前，我国旅游科技创新主体呈现多元化、多层次、多样化、社会化，但旅游企业创新能力较弱。旅游科技创新多为应用创新和集成创新，具有较明显的阶段性和技术升级换代特征。多由旅游消费、生产、交易、服务和管理各环节市场需求拉动而成，基本为应用性创新；对原技术的二次开发多为集成性应用。

当前旅游科技已形成庞大的技术支撑体系，主要分为四类：①现代信息科技的应用，主要包括旅游互联网信息科技、旅游管理信息系统、旅游公共服务信息系统、信息化安保系统、旅游空间信息系统等；②各类现代展陈科技的应用，包括模拟仿真展示，虚拟展示系统，多媒体展示系统，声、光、电技术展示等；③现代装备制造科技的应用，主要包括现代高速旅游交通、旅游特种设备设施、各类户外用品装备等；④现代资源环保科技的应用，包括低碳旅游和旅游循环经济模式、各环节的节能减排技术、各类文物保护技术等。

要持续改进旅游公共服务质量，就得重视旅游科技创新体系建设。旅游科技创新体系是以旅游科学研究为先导的知识创新、以标准化为轴心的产业技术创新，以信息化为载体的管理创新体系。三个体系互相渗透，互为支撑、互作动力，全面推动旅游服务业持续发展。因此，从旅游创新过程的知识创新、技术研发、应用转化、传播推广等环节理解，旅游科技创新体系包括：以科研院所、高等院校等组成的科技研发体系，以现代科技企业、旅游企业等组成的科技应用转化体系，以政府、各类需求主体组成的科技创新保障体系，以各类中介服务机构和社会媒体构成的科技传播推广体系，以及以人才培养、知识产权、制度建设、创新氛围等组成的社会服务体系。

短期内看，推动旅游公共服务质量改进，要侧重旅游信息技术支撑体系的运用。通过应用现代网络信息技术手段，实现旅游服务活动各环节的电子化和信息化，既包括通过网络发布、交流旅游公共信息和旅游商务信息，以电子手段进行旅游宣传促销、开展旅游售前售后服务，进行电子旅游交易，也包括旅游企业内部流程的电子化及管理信息系统的应用等，主动回应旅游移动互联时代的到来。同时，加强地球空间信息技术和信息网络等在旅游公共服务质量改进中的应用，满足游客随时、随地、随便获取旅游公共服务信息的需求。

长期来看，要持续推进旅游公共服务质量改进，必须在智慧顶层设计框架内，持续综合应用信息技术、陈列展示、旅游装备制造和节能减排、循环经济等科技支撑体系。综合应用陈列展示技术支撑体系主要包括各类图像、实物的展示陈列技术。就是要利用虚拟现实技术、全景展示技术，借助计算机平台将静态图像应用于虚拟现实中，增强游客的体验感。促进 360° 全景展示、VR 虚拟等技术在观光、餐饮、住宿旅游要素领域的推广应用。

旅游装备制造技术支撑体系，是机械技术与激光微电子等技术融合在旅游交通、安全和特种设备设施等领域的技术应用，具体包括机械、计算机、系统、自动控制、传感检测、伺服传动、安全监控等技术。其功能主要是改良或制造新的旅游交通装备、安全设备、旅游安全监控、各种门禁系统、旅游展馆及陈列设备、调控仪表、旅游商品加工、户外运动产品、照相摄影器材等，借助物联网技术应用，可以更好促进旅游公共服务质量的感知。节能减排、循环经济科技支撑体系，主要包括文物保护检测、节能工程、减排、节水等工程技术。这类技术应用可提高资源保护精确度、降低单位能耗，促进旅游服务业可持续发展。其中对景区/点等旅游活动场所的环境保护、植被及景观恢复、废弃物处理、废水处理、下水道排水处理、空气洁净、制冷保暖节能、水热循环利用、废弃物回收利用等技术，以及相关测量设备和控制设备在旅游服务业的应用，可增强游客的环保意识，提升游客的公共服务质量感知。

（3）优化应用体系。应用体系是指基于旅游技术支撑下的运用体系开发，全面优化面向游客、企业和政府的一站式旅游公共服务平台。目前，在以旅游大数据平台为代表的应用体系中，面向政府应用的产业研判、营销分析、行业管理、应急指挥等服务决策功能已初步实现，面向游客的公交查询、气象服务等功能也基本实现，面向企业的质量反馈机制也基本实现。

1）一站式服务。以游客需求为中心，整合优化旅游官网资源，重新设置旅游官网，为游客提供权威性的一站式服务，全面实现旅游公共网站的信息提供、信息交互、在线交易和关系管理功能。

第一，改版基本原则。网站改版过程的特点：权威性是及时把政府和各部门能够公开的旅游相关文件、行业动态等信息上传发布，为国内外游客提供详实、周全、动态的旅游资讯服务。

特色性是要充分体现旅游特色、文化特色、闽台特色等，通过图片、文字、音频、视频等不同形式符号有效传播，满足游客个性化、精细化的网络服务需求。

综合性是要以大数据技术为基础，整合涉及旅游的所有信息资源，为游客提供集吃、住、行、游、购、娱、厕等要素于一体的平台，为涉旅企业提供全程服务、全程监管的公共平台。

个性化是要改变以往的官本位思维，以游客需求为核心设计旅游服务页面与内部模块结构，并逐步完善游客数据库，综合分析判断游客动机、偏好，通过短信、微信、微博等形式，为游客提供个性化旅行计划。

互动化是主动引入“价值共创”理念，将旅游过程中以产品为中心的价值创造，转变为以体验为中心的价值创造，通过游客经验的积极分享，间接提升旅游的口碑营销能力，塑造旅游公共形象。

智慧化是要建立以游客为中心的高效智慧化旅游信息服务系统，特别要为游客提供各种实时性、交互性的信息服务。

第二，基本模块设置。改版后的网站页面应结合游客心理需求、旅游服务要素、目的地宣传推广等核心价值，设置模块。

第三，后台维护监管。在后台维护监管过程中，信息发布原则是“一个渠道、第一时间、一个声音”，后台监管要求是“资讯真实、审核严实、发布详实”，网络维护机制是“总网管面、分网管块”。各数据支撑的牵头部门与配合单位部门要按照各自权限共同维护平台。基于服务游客的一致目的，对应改版后的统一界面，各基本模块间数据要实现相互关联，方便游客浏览、欣赏、评价，并实现在线咨询、预订、交易等功能和线下配送、快递等服务功能。

（4）提升全域智慧服务。全域智慧服务是要实现区域内，借助“物联网＋互联网”将所有的旅游资源、设施、活动都联接起来，这也是智慧旅游的高级阶段，在这一时期，旅游服务的全过程可以实现“安全＋诚信”全程追溯。安全就是与游客相关的吃住行游购娱等活动均有经隐私处理后的完整轨迹记录，诚信就是一旦发生消费纠纷可以全程追溯并实现在线诚信监测。

2. 内化质量创新动力

进一步做好旅游公共服务质量提升工作，对应当前的主要工作目标是，明显改善旅游消费环境、明显扭转旅游市场秩序、明显提升行业自律能力、明显提高旅游监管效能。在既有公共行政资源约束的条件下，通过强化质量提升促进“四个明显”目标实现是较可行的策略。

（1）可结合旅游市场监管实际，在推行旅游服务业国家标准、行业标准和地方标准时，主动加大对旅游新业态、新产品地方标准的修订完善，逐步建立起涵盖旅游全要素、全领域的标准体系，使标准化建设更加贴近旅游服务业监管服务要求。在加大标准贯彻执行力度，建立健全重大案件督办、服务等级退出和目的地警示等工作制度同时，强化对重大违法行为和服务质量问题的经营者和从业人员的一票否决，形成严格的旅游市场退出机制，强化质量取胜、质量竞争的经营理念。

（2）强化质量奖励。为了更好营造质量的社会氛围，必须扩大质量奖励的覆盖面。从激励理论来理解，如果目标设置太高，被激励者永远够不着的话就会选择放弃。因此，这种设置能够更大范围内形成激励的正效应，鼓励更多的公共服务质量供给者提供更优等质量，推动质量强市战略深入、质量改进持续。

3. 机制层面一强化部门协同治理

从机制层面强化部门协同治理，以保障旅游公共服务质量保持稳定并持续改进。考虑到旅游资源禀赋较好、开发较充分，以及部门职权配置、业务范围分割等客观实际。协同治理机制中，以大旅游为核心，协同多部门服务、跨部门监管、大数据平台，共同促进旅游公共服务质量持续改进；以大数据为平台，支持多部门服务供给、跨部门市场监管、大旅游协同发展；以多部门服务为抓手，补齐短板、促进服务、优化服务、借助大数据平台即时回应游客需求；以跨部门监管为依托，促进大旅游协同、促进旅游市场稳定、促进旅游服务质量提升，借助大数据平台持续驱动旅游公共服务质量改进。

（1）构建“大旅游”协同发展机制。旅游发展的现实是资源控制与监管职责分离，旅游公共服务部门长期以同级政府部门小字辈身份存在，在协调发展方面力不从心。要在旅游公共服务供给过程中保持质量持续改进，必须从三方面构建“大旅游”协同发展机制。

1）树立起正确的大旅游理念。城市定位、资源禀赋决定了旅游服务业是其发展的优先路径。因为旅游服务业就有很强的经济拉动性和很强的就业灵活性,对于经济新常态下的稳定发展意义重大。鉴于旅游产服务业综合性强，覆盖面广，需要与商业、交通、文化、城建等各个部门加强沟通和协调。

就是要形成旅游优先战略理念，要在全域旅游发展过程中真正坚持以人为本的发展理念。同时，要把部门间协同发展上升至行政区协同发展的高度。从战略层面确立大旅游协同全域旅游发展理念，并在体制机制、资源整合、项目资金、质量提升、人才引进等诸方面给予政策倾斜。

2）选择好正确的大旅游路径。大旅游路径就是在旅游服务业优势明显的区域，通过整合其政治经济文化社会自然等资源，以旅游业为主线，以游客满意、居民幸福为依归，以协同供给为驱动，以质量提升为手段，促进区域经济转型发展、社会资源共建共享。这点与全域旅游理念有些相似，但是大旅游发展路径更强调技术运用对服务质量改进的重要性。目前全域旅游开发的模式大概有全域大景区型、全域旅游服务聚集型和全域“+旅游”型三种。对照其类型划分，更接近全域大景区型。

3）把握住大旅游的难点特点。重点难点的把握与突破是工作成功的关键环节。全域旅游强调目的地居民的参与度，意味着全体居民都有可能成为旅游接待服务者，真正实现“人人是形象、个个是风景”。

（2）夯实“大数据”共享供给平台。初步搭建了旅游大数据管理平台并做了积极探索，但是就旅游公共服务质量改进所需要的大数据而言，还是路漫漫兮因此，要在现有旅游大数据平台基础上，通过共建不断接入新的数据源，通过共享不断拓展新的服务功能。

1）完善大数据服务平台，强化监测与服务功能。旅游数据中心是创建全域旅游示范区的四项基本标准之一，也是推动旅游公共服务质量持续改进的重要工具。完善旅游大数据分析平台，为大旅游协同、多部门供给、跨部门监管做好技术服务支撑。

第一，为旅游公共服务质量持续改进服务。将辖区内涉及旅游投诉吃住行游购娱厕等方面信息，整合在一个平台上，统一接听、协同处置、统一问责、统一反馈，同时全程记录跟踪处置结果，作为协同改进绩效或者问责处罚的依据。如此，可有效解决工作积极性不高问题，促进消极抵制旅游公共服务质量改进的部分单位和个人调整工作状态，自觉改进服务态度、主动提升服务质量。

第二，为旅游服务业发展服务。即提供全市旅游大数据交换、存储、计算、开发等公共服务工作，在确保游客隐私安全的前提下，促进大数据背后旅游价值的合理挖掘。通过分析游客出行、购物等方面的数据信息，挖掘潜在旅游客户，优化旅游线路，拓展营销方式等，开展旅游精准营销，为访厦游客的个性化旅游公共服务提供后台支撑。

2）整合大旅游公共服务资源，构建立体服务网络。旅游公共服务咨询与旅游讯息服务功能，旅游集散中心以“城市的旅游超市”定位提供部分旅游公共服务。

在旅游咨询和服务资源整合过程中，要把车站、码头、基础、公厕、书报亭、自行车站、公园、社区、寺庙等一并融入，区分客流量设置人工服务点或自助服务点，构建全方位、立体化旅游公共服务网络。

3）加快无线宽带服务建设，系好智慧旅游裤腰带。虽然信息化基础不错，但是无线宽带建设还远未达到智慧旅游城市所需的理想水平。当前已是移动互联网主导游客信息服务的时代，几乎所有智能手机、平板电脑和笔记本电脑都支持 WiFi 上网。在有 WiFi 无线信号时，可不通过移动、联通和电信的网络直接上网，不仅可以省掉相应的流量费，还是以人为本、贴心服务的具体体现。对游客而言，不仅是经济问题，更是服务感知问题。因此，WiFi 覆盖成为智慧旅游城市的重要指标之一。

（3）构建“多部门”协同服务机制。

1）全面优化空间布局，延伸旅游价值链。优化空间布局，缓解压力、舒缓脚步、提升满意度。要进一步梳理、整合自然与人文旅游资源，构建包括旅游核心节点、关键通道、重要区域等在内的全新空间布局。

2）持续补齐服务短板。按照全域大景区的发展模式，就是要补齐短板，最大限度凸显这些旅游产品的个性，满足游客的差异化需求。旅游产品转型升级的重中之重是实现旅游产品由单一型、粗放型向系列化、精品化的方向发展，由观光型向主题型、休闲型、度假型和个性化方向演进。

3）协同服务天下游客，共同缔造。在全域大景区的发展框架下，就需要做好游客的服务协同工作。要在各公园内设立旅游咨询服务点、派驻讲解员或志愿者，提供预约讲解、派发旅游宣传资料等服务；并在公园设施设备完善、生态绿道建设、公共厕所选地改造等时，严格按照高等级景区建设标准予以实施。进一步优化辖区内公园、大型公共场所、寺庙、车站码头、报刊亭、自行车站等旅游咨询服务体系的布点，改善景区内外旅游咨询服务不均衡的局面。

维系全域旅游服务的核心是民众的文明程度，在鼓励招募一批高素质的志愿的同时，要协同提升散布城市每一个角落的环卫工人的咨询服务功能。相对景区讲解员、管理员、公园管理者等等，一线环卫工人随处可见。可以借用共享发展、共同缔造的理念，采取“增减互补”或“多劳多得”等方式，解决全域旅游咨询服务覆盖问题，同时采用工人智能终端配置、游客手机扫描点赞解决等手段，做好一线环卫工人额外工作量的核实与服务质量的跟踪等问题。

（4）构建“跨部门”协同监管机制。

1）协同监管旅游，共促服务质量提升。针对旅游核心区、老城区游客集中、纠纷集中等实际，要发挥协同监管的整合效应，主动推进“四结合”监管工作。即旅游协同监管要与鼓浪屿申遗工作相结合、与街巷文化游相结合、与老城区有机更新相结合、与重点工程建设相结合。要协同提升违章占道等执法成效，强化市、区、街三级联动等，以鼓浪屿、厦大——南普陀、环岛路、轮渡码头、东渡邮轮码头等为重点，集中开展机动车、电瓶车、摩托车、自行车“四车”占道联合整治。

通过不断优化数字化管理系统，整合监控视频资源，逐步实现城管、综治、公安监控资源共享，提升全市网格化旅游管理水平。要进一步完善巡查机制，结合网格化管理，根据辖区实际，开展分路段、分季节延时错时执法，延长旅游监管服务时间、拓展旅游监管覆盖面，不断提升旅游公共服务质量，不断提高游客满意度。

2）协同监管旅游，共护服务市场健康。对旅游市场进行协同治理，野导之所以持续规模化存在，关键是没有形成协同执法机制。加快建立权责明确、执法有力、行为规范、保障有效的旅游市场综合监管机制，要协同旅游、公安、市场监督、交通运输、文化体育、税务、质检、价格、商务、通信、网信、民航等部门，进一步解决扰乱旅游市场秩序、侵害游客权益等突出问题。重点监管旅游市场，重点弘扬“游客为本、服务至诚”的核心价值观。

3）强化协同职能，夯实旅游发展根基。要在打造国际旅游城市的目标引领下，以游客满意为立足点和归宿点，以旅游公共服务质量持续改进为手段，从体制、机制上强化以旅游部门为核心的市旅游产业委员会的权威，强化其作为旅游综合协同部门的话语权，夯实旅游发展的根基。

充分发挥旅游产业委员会在协同推进旅游服务业发展和供给旅游公共服务过程中重要作用，借助其引领性的话语权，加快跨部门供给服务的协同与质量改进。同时积极修订基于大旅游发展的领导干部绩效考核指标体系，让旅游产业委员会在整体干部资源开发与利用中发出部门发展与感受的声音。积极推动旅游大数据平台的数据共享，争取作为协同职能部门业绩考核、晋升考核的数据采集源，以此作为推动旅游服务质量持续改进的协同杠杆；并借助旅游公共服务质量评价指标体系，做好游客满意度的动态跟踪，适时发布新的游客服务质量目标；通过游客—政府—旅游企业的协同互动，促进旅游公共服务质量持续改进。

总之，通过“大市政”协同治理，促进旅游公共服务质量改进，是实现旅游服务业转型、实现经济社会新跨越的政策工具，在此过程中必须同时做到理念协同、共享协同、服务协同、监管协同。

第六章　大数据背景下智慧景区的信息化服务

第一节　大数据背景下智慧景区数字服务平台的信息艺术设计

一、智慧景区数字服务平台的类型

每个旅游景区的资源优势和利益诉求不同，信息艺术设计的出发点和设计理念也各不相同。景区数字服务平台可以归纳为三种类型：基于位置服务的导览型平台、线上体验型平台、娱乐与增值服务平台。这三种平台形式不是孤立存在的，一般来讲任何景区的线上核心服务都以景区的数字导览服务为主，在此基础上，很多景区会根据自身的发展需要增设线上体验型服务平台和娱乐型应用服务，以便挖掘旅游景区更多的文化价值和商业价值。景区一般可以归纳为：自然景区（九寨沟、黄山）、人文景区（故宫、颐和园、中山陵）、博物馆、娱乐景区（迪斯尼乐园、广州长隆野生动物园）等几种类型，景区的类型不同所适应的设计类型也不尽相同。

（一）智能导览型平台

旅游景区数字服务平台是线上、线下互动的数字平台，服务的内容多样化，涉及的媒体形式繁杂，不同景区对平台设计的定位也不尽相同。从景区服务的根本出发，无论何种类型的景区，运用数字化手段打造便利灵活的旅游服务是核心的数字内容。基于位置服务的导览型平台是景区数字服务平台信息设计的基础类型。

（1）适用范围。旅游景区是一个物理空间，旅游者根据一定的路线自由游览，通过自然景观、人文景观、娱乐设施的体验与景区互动，获得身心的放松和文化的滋养。基于位置服务的智能导览平台以空间定位为核心，是多数景区智能化信息服务的基本需求，适用于游览环境相对复杂、具有一定规模的景区。

传统旅游有三种导览形式：一是景区平面导览指示牌，内容、位置、形式都有很大的限制；二是人工语音讲解，人力成本高、专业素养要求高：三是自助语音导览，单向交互、缺少灵活性。依赖移动通信的智能导览即时性、互动性强，提升旅游者的旅游效率和品质，是景区数字服务平台信息设计的重要内容。

（2）功能形式。智能导览依赖于移动智能终端和移动互联网的发展，它的媒介平台由便携式移动设备构成。主要形式是通过线上、线下的实时互动辅助旅游者游览景区，用户通过下载移动客户端 App 与景区进行实时互动。

平台主要提供六大功能模块：地图浏览、地图操作、移动定位、周边搜索、全景展示、线路规划等。

（3）优势和特点。基于位置服务的导览型平台在基于以上常用的功能为旅行者提供了便利的服务，它的优势和特点体现为以下内容：

第一，优化旅游路线。旅游者可以根据景区数字服务平台的实时地图引导,轻松而又精准的定制旅游路线。平台会根据旅游者的实际情况,结合交通、天气等综合数据提供优化的游览线路。

第二，优化服务环节。景区数字服务平台通过对旅游者位置的追踪，获得景区人流数量、密度、游览规律等信息，可以动态的调节服务内容，提供精准的信息服务，也为景区的发展规划提供了科学的依据。

第三，周边匹配服务。结合地理信息数据为旅游者提供周边服务，游客可以直观的感知周边的服务环境,包括：交通、餐饮、住宿、娱乐、购物、景点、旅游咨询等。

第四，完善应急保障。地理位置服务深化了旅游者与景区服务之间的联系。通过线上线下的实时互动，旅游者可以随时发出安全预警，景区应对紧急情况的能力进一步加强。旅游者也可以实时观测到景区的人流情况，这种直观的信息呈现方便旅游者即时调整游览路线，优化旅游体验。

第五，更多沟通体验。基于位置的游览型平台不仅可以强化旅游者与景区的关系，也加深了人与人之间的联系。旅游者在平台上不但可以得知自身的位置，还能查看周围朋友或家人的位置，不用担心走散。如果旅游者愿意公开信息，还可以在平台中自由“结伴”增进实体人际交流，实现旅游中更多的沟通体验。

对游览型平台应用范围和功能形式的研究，有助于把握景区数字服务平台信息艺术设计的定位，全面开发位置功能设计的价值，不同景区可根据自身的优势设计位置服务方式。

（二）线上体验型平台

线上体验型平台是景区数字服务平台发展的重要内容。从景区数字服务平台的发展来看，导览型平台的是平台开发的重要功能但并不能带来更多的附加价值，线上体验型平台的开发才是塑造品牌影响力、拓展营销渠道的核心，得到越来越多的重视。线上体验型平台脱离了景区存在的物理空间限制，对景区的资源优势进行了深入的解读与创新，以线上虚拟展览的方式构建景区新的文化价值。新媒体时代的发展趋势拓展了旅游景区的经营范围，赋予了旅游景区新的发展理念，这将在未来的旅游产业结构中发挥重要的作用。

线上虚拟展示平台以旅游景区现有的资源优势为基础，通过新媒体手段赋予景区资源新的生命力。人们对美好事物的向往自古有之，从未间断，在传统媒体时代，自然景区通过摄影、明信片、观光影片等方式传播大自然的美好；人文景区通过图片、书籍、文字、纪录片等方式传达历史文化底蕴。旅游景区的自然、人文景观是人类共同的宝贵财富，景区作为职能部门有义务紧随时代发展的步伐，运用不同的媒介载体让这些文明资源换发新的生命力。

（1）适用范围。虚拟展示平台的核心是景区特有的自然、人文资源。拥有优质的旅游资源是打造具有传播价值的信息产品的基础。我国是一个旅游资源丰富的国家，广阔的疆域、悠久的历史赐予我们独具风貌的自然景观，以及历史文明的印记，如黄山的自然风光、故宫的皇家文明都可能通过数字化的展览方式进行重新定位和呈现。

（2）功能形式。线上平台包括多种展示形式，一般来讲，图片是展示中最简单的宣传方式，但并其体验性不够深入。线上体验型数字平台，需要规划特定的展览主题，挖掘主题的价值，理解用户的需求和线上互动习惯，形成对景区资源的深入解读，弥补线下游览中的不足。

第一，主题展示。不同的景区需要根据自身的定位进行展示设计。主题的挖掘十分重要，单纯的图片欣赏只能起到景区宣传的作用，无法形成具有竞争力的信息产品。展示主题的选择是设计创新的核心。

第二，全景展示与虚拟现实。全景展示是通过全景摄影对真实的景区进行拍摄，通过虚拟的拼接、空间搭建与交互带给人真实的现场感受，适用于拥有独特景观的景区。全景展示配合 VR 技术让人身临其境，它使人脱离了现实的制约，在虚拟环境中可上可下、可近可远，得到比真实世界更自由、更清晰的体验。

（三）娱乐服务型平台

娱乐与增值服务型平台是景区数字服务平台的辅助功能，不同的景区可根据自身需要进行设计开发。

娱乐服务型平台在信息设计中以游戏为主，还包括周边产品的营销，如微店、淘宝、增值服务（拍照）等。景区数字服务平台开发的游戏以景区现有的文化资源为蓝本，可以具有一定的线上、线下交互的特点，如玩家在线上领取任务到线下完成，游戏中获得的积分可兑换景区商品等，不同景区可根据自己的各点进行设计开发。此外，娱乐游戏的设计应具有明确的设计定位，确保游戏的设计与景区开发的理念是一致的，游戏中展现的价值观与文化品质能对景区的发展起到积极的作用。

二、信息艺术设计的构成

（一）视觉传达设计

信息艺术设计起源于视觉传达设计学科领域，视觉设计是信息传达设计的重要环节。用户通过呈现出的视觉界面使用信息产品，信息的视觉呈现是信息传达过程中最核心的设计要素。

信息的视觉表现形态一般包括：图形、图像、影像、文字等，这些信息形态可称为变体。在信息可视化过程中，设计师通过把握信息变体的位置、大小、灰度、纹理、方向、色彩和形状等变量传达信息的内容与逻辑。信息的视觉传达主要通过设计信息变体与变量的关系来实现。

此外，信息传达设计通过把握视觉元素的变量制造视觉差别，使用户区分不同信息的意义。每种变量都有其擅长的表现属性，也会受到自身属性的限制。例如，数字可以准确地反应数量，但不足以在视觉上体现数量差异；颜色和形状并不直接表示量，但却能有效地区分种类、差异。基于此可以把视觉元素的变量划分为两个种类：一是，区别变量，表示种类的不同；二是，层级变量，表示重要性的不同。在设计过程中，需要平衡界面中各个元素，依据信息层级引导用户的视觉逻辑，多运用图标设计传达功能，通过对视觉元素变量的理解和把握创作出和谐、美观的界面效果。

景区数字服务平台的信息视觉传达设计是对以上视觉元素的综合运用。从信息界面的整体构成来看，景区数字服务平台的可视化设计可分为地图、导航两大部分。景区数字服务平台的信息设计中最重要的可视化设计形态是地图导览界面的设计。导览界面通过地图的形态映射出景区真实空间的功能，除了对地理形态、方位的描绘，还反映了旅游项目的状态信息，便于旅游者做出决策。根据景区服务平台设计中运用到的功能，把地图的可视化分为两个层面：一是反应物理空间的可视化设计；二是反应关系状态的可视化设计。导览地图的信息可视化变体包括：点、线、面、图形、文字；变量包括：比例大小、形状、方向、颜色等。

（二）信息交互设计

信息交互设计体现了用户行为与产品之间的互动关系。优秀的交互设计可以提升产品的用户体验，是景区数字服务平台信息设计中必不可少的元素。本节仅从动效设计层面解读交互设计，景区数字服务平台设计中的动效设计并没有绝对的特殊性，遵循了动效设计的基本法则。常用基础动效包括：位移和速度、放大和缩小、消失和出现、翻转、旋转、变形、变色等七种形式。

1. 动效的功能

动效模仿的是人真实生活的体验，不同的动效体现了信息产品的不同质感，可以增强用户体验的舒适度。具体可以体现为以下方面：

（1）表现层级关系。界面中层与层的关系，是平级的切换、还是隐藏的抽屉都可以通过动效的设计直观地体现出来，使用户明确信息间的关系。

（2）结合手势操作，展现自然的质感。动效可以使操作符合手指的运动规律，增强用户的控制感，使设计更加人性化。

（3）愉快的提示动效。可以吸引人的注意力，但又不显得生硬。

（4）增加界面活力。动效可以增加信息产品的生命力，使它具备某种质感，动感、柔和、安全、可爱等特质都可以通过动效展现出来。

（5）吸引用户的注意力。舒适的动效设计为界面增加活力，可以调动用户的注意力。

多数动效设计都是不易察觉的，这是优秀动效设计的潜在特质。设计师通过周到的小细节带给用户舒适的操作体验，使交互变得更加有趣。如，为用户提供有趣的正反馈；隐藏用户不再关注的内容等。

2. 动效的应用

景区数字服务平台的信息设计中有很多动效应用的实例，下面对一些常见的动效应用进行归纳和总结，在具体的设计中应根据实际需求进行设计。

（1）等待动效。在信息产品的页面加载时，会出现一定的等待时间，合理的加载动效让等待不再枯燥。

（2）刷新动效。用户通过页面刷新更新同步页面内容，刷新动效可以使这个过程流畅、舒适。

（3）列表相关动效。列表的移动、滚动、刷新是用户浏览时常用的动效，增加列表到底提示，配合简单的缓冲动效可以提高整个产品的品质。

（4）转场动效。图片轮播、界面转场时增加转场过渡效果会使整个操作更加流畅自然。

（5）图标、按钮动效。在按钮和图标操作中增加合适的效动可以优化操作反馈体验，增强与用户之间的互动性。

（三）信息媒体设计

信息艺术设计依赖媒体而存在，在媒介融合发展的趋势下，媒体成为重要的设计要素。新媒体时代信息设计的思路需要通过选择、组合、重构媒体关系来把握不同媒体间信息设计内容，避免不同媒体渠道与信息发布的冲突，权衡不同媒体上信息设计的效果，找到最有效的设计形式，实现信息在传播和交互过程中的有效性。

1. 媒体与社交平台

微博是一个社会媒体平台，微信是社交沟通平台。网络媒体是新浪的基因，而腾讯的基因是社交和聊天工具，由于基因的不同，两种信息产品不同的定位和走向也不同。

微博作为一个媒体的工具，人与人的关系主要建立在兴趣上，关系质量较弱，多为单方面发布，注重的是传播内容的公开，信息的传播速度和广度在微博上非常之快，在信息设计定位中比较适合品牌推广与营销。微信作为一个社交工具，人与人的关系建立在社会关系基础上，互动性较强，是一种双向的关系，虽然传播速度略慢，但受众对信息的接受度与忠诚度一般很高。微信展现了一种熟人网络、小众传播的媒体特性，具有传播效率高、营销和服务的定位精准、内容便于分享、营销成本更低等特点。在信息设计定位中比较适合打造景区增值服务平台，如加入景区特色产品的微信营销或发起线下活动等内容。

2. 景区官网的运用

官网是景区的主题网站，主要适合 PC 端进行浏览，是企业打造品牌和公信力的重要媒体形式。官网以企业为核心，随着社会的发展，具备多种功能，包括品牌推广、电子商务、主题营销等。与其它数字媒体相比，官网运营成本低，可以针对目标人群提供专属服务，但由于传播渠道的局限性，对普通受众来讲接触率低，且相对固定，不能形成有效的影响，市场效果慢。

官网是呈现品牌形象的重要载体，在信息艺术设计中打造统一的视觉形象是十分必要的，一般旅游官网会包含景区信息发布、在线预订、在线咨询、旅游产品查询等服务功能，并运用图形、图像等界面设计元素展示出旅游景区独有的特色。

3. 独立移动客户端

旅游景区数字服务平台的设计开发以独立移动端应用 App 为主要的设计对象。依据不同景区的需求 App 的设计内容不尽相同，但主要的服务功能具有一定的一致性，如核心 App 都是针对景区导览而设计的，包含了导览、定位、语言讲解、餐饮住宿搜索等功能设计，主要的功能服务包含：

（1）位置信息。定制导览、观光车、卫生间、餐饮等空间定位。

（2）景区介绍。讲解、预览、提示。

（3）消费转化。景区周边餐饮、酒店服务、景区特色商品等服务完善了旅游服务功能，拉动地区消费。

（4）门票、购买、支付。

（5）人景互动。直播互动、景区互动、拍照识别。

（6）通知。表演、时间、位置、拥堵程度、天气、分流、预警等。

此外，景区数字服务平台的 App 设计也包括一些具有展览、娱乐、文化体验功能的 App 产品。以故宫数字服务平台为例，"故宫展览""每日故宫""故宫陶瓷馆"就是根据不同需求而开发的信息产品，其中"每日故宫"通过简洁、具有东方美学韵味的界面设计为用户每日介绍一款馆藏珍品，解读文物工艺及背景故事，展示高清的文物画质，丰富了公众的文化视野。用户也可在分享区与他人交流感受，此外还提供了精美的日历信息页面。

信息艺术设计需要针对不同景区的优势，挖掘新媒体时代旅游资源的线上体验价值，使景区的发展与时代相融合，与人们的生活方式相一致。信息艺术设计应该具有前瞻性与创新性，打造新媒体时代的景区服务平台，挖掘旅游景区资源的新价值。

4. 第三方合作平台

旅游景区作为一个旅游服务提供的主体，它的服务和营销平台是广泛的。基于移动旅游的需要，景区会与其他商业平台进行合作，在第三方平台中发布旅游信息、广告进行产品推广，这也是景区数字服务平台的一部分。

如今是一个信息爆炸的时代，能在最短的时间内获得更多的信息资源是用户的刚性需求。对于景区数字服务平台来说，要根据用户的媒体使用习惯进行艺术设计。此外，信息服务的发展趋势是融合与共享，景区数字服务平台不是孤立的，需要信息的互通与共享，也需要服务功能的互补。未来景区服务平台的发展应该提供的是不同的接口，为商家、用户、旅行社等旅游生态中的各个环节提供平台入口。景区可以根据不同的需要开发多样的信息共享与合作渠道，这也是在"互联网 + 旅游""全域旅游"理念下旅游信息化发展的新方向。

5. 景区的智能终端

智能终端的应用场景很多，景区的智能终端应用主要用于自助查询、购票/取票、自助导览等，可根据不同需要而设置。因移动支付的兴起，智能售卖机、游戏机可根据景区特色自行定制，销售纪念品、地图、饮品、饮食等。

总体而言，近年来国内旅游业发展迅速，旅游者对景区的服务要求越来越高，体验型旅游已经渐渐取代观光型旅游。为了提高景区服务品质、吸引旅游者消费，各个景区都开始对旅游景区数字服务平台的设计开发给予足够的重视。

第二节　大数据背景下智慧景区的地理信息可视化设计

信息设计是内在结构的理性审美构建和外在视觉的感性审美经验的结合，因此，信息可视化目的不仅仅是通过视觉的手段提高信息的传达效率、减轻认知负担，还要通过视觉的优化为信息画龙点睛，为信息接收者提供视觉上的享受，从而产生“信息愉悦”和“视觉愉悦”。

信息设计中的可视化是指将信息形式转换为视觉形式，在智慧旅游中，可以从宏观角度和微观角度分析地理信息可视化，首先，宏观上，是指对地理信息整体结构的可视化，信息是以单元或集群为单位的。微观上，是指地理信息视觉要素图形、色彩、文字等在相互距离、大小对比、摆放次序方面的可视化，这时地理信息都是以个体为单位。通过宏观和微观两个视角的可视化，在智慧旅游产品中提高游客应用信息的效能，使信息拥有更强的易读性和可理解性，同时也将产品设计导向更好的用户体验。

视觉语言是由视觉基本元素和设计原则两部分构成的一套具有传达意义的规范或符号系统。要探究视觉语言在地理信息设计中的作用机制，就要从信息设计的视觉元素开始，智慧旅游中地理信息的基本视觉元素包括了图形与符号、文字与数字、色彩和动效。信息可视化的指导原则重点是利用不同的视觉元素，帮助游客更为快捷地通过视觉转化完成信息交互这个过程，它与可视化技术、可视化艺术等因素息息相关。

一、利用图形与符号促进信息交流效率

图形与符号是信息设计中重要的视觉交流元素，也是海量信息的可视化

载体和媒介。信息的角度去看视觉设计，会更容易打破审美对用户的限制，因为信息的视觉设计会由一个不可控工作，变成抽象信息转换图像信息的过程，而这个过程将变得可控。信息的图形化和符号化设计强化了“五感”中“视觉”的部分，也就是“看”的部分，这样的信息可视化形式具有强有力的视觉冲击力与感染力，就像鹤立鸡群一样，不但使用户在众多复杂单调的信息中一眼就能看到，还通过图形化的方式放大信息特色，减少用户的认知成本，增强易读性。将视觉化的语言代替枯燥乏味的数据信息，赋予信息生动的生命力；将分散的事物元素整合到一个信息合集，为受众提供观察整体信息构造的渠道；将信息形象生动的概括为图形，为受众减轻信息认知成本的同时增强信息沟通的能力，总体来说，在信息视觉化过程中图形与符号依靠其本身的易读、易识别的特性，很大程度上提升了信息视觉交流的效率与能力。

在智慧旅游中，海量的地理信息纷繁复杂，而传达信息的基本要求是准确、快速，在这种情况下，图形和符号凭借其准确、生动、信息量大的优势，刚好满足了信息传达的刚需。旅游活动中，图形凭借其突出的视觉概括性能够在最短时间内呼唤用户脑内的认知记忆。相较于以文字信息为代表的其他信息，当用户看到图形时不需要过多的思考就会自动快速识别并触发相关回忆，受众对图形的理解和接受度远远大于对繁复数据以及文字的接受度，因此在智慧旅游产品中常用图形符号来表达功能，更集约、形象、生动的传达信息，能够顺应节奏快捷、信息海量环境下的受众的新需求。

二、通过文字与数字提升信息的准确性

文字与数字是信息视觉要素中不可或缺的一部分。图形、图像等视觉元素更具有主观性,因此可能会受到文化、经验和认知的影响而产生不同的含义，文字与数字信息则不同，他们是具有规范和标准定义的客观性极强的信息视觉要素，因此，文字是见证民族和国家文明进程的重要标志。在信息设计中，文字与信息凭借其极强的客观性，用理性的智慧客观且准确的呈现信息的结构关系，文字和数字通过字体、大小、字距和行距四个方面优化书写内容的功能和美感，并可以最大化控制文本信息的平衡和节奏，帮助用户客观的阅读和理解信息，增强信息视觉化的准确性。

不管是传统地图还是智慧旅游产品中，图文并茂的信息形式一直都是地理信息的基本表达方式，文字都作为一种重要的元素改变了图形符号单一的表达形式，以目标受众喜欢的层级和调性传达出地理信息内容，帮助受众更容易的理解信息。在智慧旅游地理信息设计中，文字与数字是一个具有两面性的视觉要素，它既能展示文本层面的含义，又能作为视觉符号出现，当文字作为主题要素时，通常是从视觉层面展开作用，例如，以文字为主题的图标设计；当作为辅助要素时，则是为图形图像或其它视觉元素说明、补充或强调。

三、运用色彩丰富信息的视觉层次

在信息设计中，色彩是最先能够触动到人类认知的视觉元素，甚至从某种程度上来说超越了图形和文字元素。颜色直觉对我们人类具有极其重要的意义，颜色直觉是视觉审美的核心，深刻地影响人类的情绪状态。作为视觉审美的首要因素，色彩能够为用户带来超越颜色本身的情感影响，就好像语言和文章中都会蕴含感情一样，不同的颜色也带有各自不同的情感，红色带来刺激、热情和喜气，绿色带来生命、活力和清凉，蓝色让人感到宁静与清洁，粉色具有放松和安抚的情绪。色彩通常与图形文字等要素同时使用，其抽象的象征语义与物像的具体颜色相对应，色彩参与或决定了信息符号所指意义的构成，在信息设计中色彩语言凭借其极强的说服力和感召力，丰富信息的视觉层次。

从视觉感官角度来看，同时面对陌生的视觉元素时，色彩是能够最先触及到人类认知的元素，这是因为色彩不存在有形态或知识上的认知误区，甚至不需要逻辑性的思考就能直接的影响人类的情绪。因此在公共空间中，色彩的利用具有至关重要的作用，在旅游活动中，游客往往对旅游景区抱有一定的陌生感，这时合理利用和控制色彩，帮助冰冷客观的地理信息流露出强弱、冷暖等感情色彩，为游客从视觉上带来丰富的情感体验。宏观上的色彩控制，应包括对公共空间（景区）环境的色彩控制；微观上的色彩控制，是指旅游产品信息系统内的色彩规范信息的本质意义，还要注意保持不同设备端口的导向标识系统的色彩统一性和规范性。

四、借助动效增强信息的视觉体验

数字时代信息的最大变化莫过于依托信息媒介和互联网而产生的双向、动态、多元化,多媒体媒介的灵活性和包容性为信息设计提供了更广阔的舞台,界面本身便具备“可互动”的特点，因此让信息内容动起来，通过动效传达信息，显得合情合理。在数字产品中，除了传统的视频和动画效果，动效更主要是作用于信息内容、动作调用和交互反馈等环节。例如，删除软件或项目时出现的垃圾桶动效和图片或文件的加载进度等动效是为了辅助用户理解当前动作进度和含义，再如为了吸引用户的注意力，标题或按钮出现区别于界面其他信息内容的动态效果。不同情境下，统一的内容为了与当下情境界面中传达的信息相吻合，从而产生了色彩、数据等元素的变化，这样的动态感也能在丰富图标表现力的同时，增添用户对信息的理解，从而增强信息视觉体验的舒适度。

地理信息具有时间流动性等信息特性，动态的信息传达手段能够符合这一特性的要求，通过具有变化性的视觉效果为信息提供更灵活、生动的传达手段，清晰直观的展示某些地理信息所包含的变化或过程。同时，随着体感游戏和增强现实技术的发展，许多智慧旅游产品将这些形式植入到自己的产品中，信息的动态效果也不再仅限于传达，而是在游客与产品互动的整个过程中。除此之外，由于当下数字媒介众多，许多智慧旅游产品都存在跨设备、跨输入方式使用的现象，但用户界面仍然需要无缝并且和谐的传达信息和内容，因此，在创造基于动态的用户体验过程中仍需要进一步探索更好的视觉解决方案。

第三节　大数据背景下智慧景区安全预警机制的构建

一、大数据背景下智慧景区安全预警机制的重要性

旅游大数据是旅游行业的从业者、消费者等旅游活动参与者所产生的数据。而景区安全预警机制的核心系统主要是以满足旅游者的食、住、行、游、

购、娱乐要素为核心需求的服务安全。旅游大数据凭借对旅游各环节产生数据的搜集、整理，特别是对游客数量、人员构成、实时动向等数据的精确分析，实现提前预测、控制客流，突破了传统景区通过门票控制客流的方式，在构建新形势下的景区安全预警机制中起着越来越重要的作用。

（一）辅助景区建立安全预警机制

旅游大数据主要有两个方面的来源：一是基于数据库记录的景区历史数据，更多的是人流量、门票销售量等原始记录；二是源于旅游者的数据搜索，借助计算机对搜索记录进行分析，可以得知旅游者的去向、停留时间、食宿等数据。通过旅游大数据，可以获取景区、旅游者及供应者三方的数据，是涉及旅游活动全过程的全面数据。同时，以旅游大数据为基础可以全面搜集有关景区的安全事故类型、表现形式、处理方式等信息，能够为景区提供真实的数据作为参考，为景区建立全面的安全预警机制打下坚实的基础。

（二）辅助景区建立安全应急机制

景区安全应急机制就是要在短时间内拿出科学、有效的应对方案，针对景区突发安全事件果断采取措施。旅游大数据的高速处理大大提高了景区应对旅游安全事故的处理速度和精度，景区管理者既可以提取历史数据做参考，又可以调取预订信息做紧急疏散。旅游大数据的即时处理功能，在数据处理速度、处理质量方面是传统方式无法比拟的，其处理速度和质量往往达到传统方式的数倍，为构建高效的景区安全预警机制奠定了基础。

（三）辅助景区建立安全救援机制

景区的安全离不开旅游大数据，需要依靠旅游大数据提供足够、准确、有效的数据资源。通过对旅游大数据提供的数据进行分析、处理，能够为景区安全救援提供精准、易于操作的救援方案，可以借助网络精准定位功能，在景区遭遇突发安全事故的时候，能够快速实现位置的精确定位，便于施救人员能够快速精准的到达救援位置，避免因位置误报导致的救援延误等情况。

（四）辅助景区建立安全保障机制

在海量的数据中，提取有价值的数据，为景区建立系统的安全保障机制提供数据、资料支撑，实现数据搜索对景区安全体系构建的借鉴、参考价值，这是我们进行数据搜索最根本的目的。通过计算机的搜索功能，我们可以查找到景区所需的数据、资料，并实现数据的进_步加工和挖掘。景区安全保障机制的建立，可借助搜索“热词”来预测旅游者的实际去向，真正建立起旅游大数据和旅游者之间的联系，综合历年景区历史数据，预判旅游高峰期的时间。同时,景区可以结合机票、酒店等预订信息以及百度等网络搜索记录，可以提前预测旅游者到景区游览的人数，借助这两方面的数据，景区能及时采取门票销售控制的手段限制进入景区的人数，确保景区在最大承载力的范围内安全运行。

二、大数据背景下智慧景区安全预警机制的策略

景区安全受旅游业淡旺季影响极为明显：在旅游旺季，游客数量常常接近甚至超过景区最大承载量，给景区的安全管理和环境保护带来极大压力；在旅游淡季，景区游客太少导致旅游者之间缺少必要联系，游客会感觉到孤单，降低了游客的景区体验。从景区安全运营的角度来看，景区遇到安全事故不可怕，可怕的是遇到安全事故之后没有应对预案或不能及时应对。因此，对于景区而言，一旦发生突发安全事故，相对于事后妥善处理，事前预警、事中控制显得更为重要。基于旅游大数据构建景区安全预警机制是能够实现提前预测景区热度，提前预测游客饱和度的状况，为景区排除安全隐患提供数据、资料、技术支撑，搭建旅游者、经营者与服务者三者之间沟通的桥梁，最终目的是要保障旅游者人身、财产安全，帮助旅游者顺利完成旅游活动。

（一）预测景区的安全压力

景区安全压力主要来源于数量庞大且持续不断的游客涌入，一旦超过景区设置的最大承载量，就可能引发一些安全问题。随着互联网的普及，越来越多的游客借助互联网进行旅游目的地信息查询，并最终进行旅游决策，完成旅行活动。通过旅游大数据，我们可以获知游客的目的地、出行路线、选乘交通工具、住宿等基本信息，提前预测到景区热度，如果预判景区（景点）过热，作为景区经营者可以通过新闻媒体发布有关公告，及时通报景区人流

情况、安全提示和应对措施。

同时，景区可以采取必要的限流、分流措施，灵活自主的确定景区接待时间以及开放新的旅游线路等，使景区运营处在相对合理的空间范围之内。比如，成都武侯祠景区尝试通过景区承载量限制门票销售，通过旅游大数据的实时监测，一旦触发 5 万人景区最大承载量的安全警戒线，门票销售系统会发出警报提示，无法继续销售景区门票，售票人员会及时将情况通知景区管理人员采取应急措施，这样既能妥善处理好与游客的关系，又能保障景区的安全，实现游客顺利游览、景区安全和谐的双赢局面。

（二）预测景区游客饱和度

景区客流量是受多种因素影响的，传统的信息收集方式往往比较单一，各个部门收集到的数据是相对独立的，旅行社、景区、酒店等部门所拥有的数据是分散的，无法实现数据的共享，容易造成旅游市场的信息失衡，甚至是失真，使处于不同信息地位的供求双方的风险和收益不对称。我们可以借助旅游大数据涉及食、住、行、游、购、娱等多个环节的优势，建立全面、系统的旅游大数据，通过对旅游各个环节数据的监控、分析，掌握游客实时动态，及时发布相关预警信息，为游客的合理出行提供参考信息，尽量避开游客饱和度较高的旅游线路。如 2015 年，江苏省率先使用了旅游大数据监测平台，可以观察到全省乃至重点景区的游客动态，具体的指标包括实时客流、客流来源、停留时间等，并且能够提供与另一时段的客流对比信息等数据，极大地提高旅游主管部门在景区安全监控方面的主动性。

（三）排除景区的安全隐患

景区的安全管理更多体现在对安全隐患的排查，只有把可能存在的安全隐患排除，才能真正确保景区的安全运营。景区是一个相对封闭的地方，游览线路往往是单向不可逆的，对于景区安全管理而言这是一把“双刃剑”：一方面，封闭的景区利于管理，可以控制外来因素对景区的危害，重心可以放在景区内部的安全管理；另一方面，大量旅游者在封闭的环境内流动，一旦发生突发事件，更容易造成大规模的人员伤害及财产损害。

通过旅游大数据平台可以对景区排除隐患提供支持作用，景区在有针对性搜索安全事故表现的同时，可以完善景区安全预警的设施设备，建立景区数据采集的可视化、智能化系统，实现对景区重点区域的客流量的自动监测，起到客流控制和时间段跟踪的作用。江苏镇江借助“感知芯”技术，让游客通过手机终端进入景区，自动接收景区排队人数情况，并通过信息亭内的互动触摸屏让游客自助查询服务信息。

（四）建立景区安全监管体系

景区安全管理关键在于日常的监管，建立科学合理的景区监管体系，进而实现对景区人力、物力资源的调动，及时纠正景区运营过程中存在的违规行为，尽可能地避免由于管理失位引发的安全事故。借助旅游大数据，能够精准地采集景区地形、地貌等基础数据，排查景区内存在的影响安全的因素，特别是景区存在的一些影响安全的不确定性因素，可以通过旅游大数据实现公开化、可视化，让景区的安防人员、管理者乃至游客都能熟知这些因素，提高安全防范意识，把安全放在第一的位置，形成自上而下的安全监管体系，有侧重点对景区进行安全布防，一旦发生紧急的安全事故能够在第一时间采取有效的解决措施，把安全事故解决在萌芽状态。在一些景区，我们已经能够看到安全警示、提示等信息，同时旅游者可以借助景区信息服务平台，自助查询到安全预警信息。

（五）建立矛盾纠纷排查机制

旅游业已经进入深度体验游阶段，旅游者在行程结束之后，往往会将自身体验以点评的方式呈现在网络之中，这是旅游者旅游体验过程的真实再现，能够较为客观的反映旅游者对景区游览的评价，这为景区收集游客游览感受及评价提供了契机，景区管理者可以及时关注到对景区不好的评价，进而采取有针对性的措施，尽可能降低景区的负面影响。旅游大数据能够搭建旅游者和经营者之间沟通的桥梁，及时反馈景区游览过程中存在的问题，就双方关心、关注的问题可实现“在线”双向互动，及时交换信息。其中也有一点对景区十分不利，就是互联网传播的速度非常快，一旦在互联网中充斥着海量的游客点评信息，景区不能及时回复、解答“差评”等负面信息会在虚拟的网络世界迅速扩散，对于景区旅游形象、旅游品牌的杀伤力极大，进而影响景区的正常经营。

第四节　大数据背景下智慧景区目的地的信息化评价

一、智慧景区目的地信息化评价体系的构建原则

要对旅游目的地信息化水平进行科学评价，首先要保证评价指标体系的合理性、系统性，这就要求建立的各项指标能准确、客观的反映旅游目的地信息化建设的实际水平与整体效果。因此，为确保评价体系与标准的正确性和科学性，在构建旅游目的地信息化评价指标体系的过程中，必须坚持目标性、全面性、科学性、可行性等基本原则。

第一，相关性原则。反映旅游目的地信息化发展水平的指标有很多，在构建旅游目的地信息化评价指标体系时，不可能对所有的指标都进行探讨，因此需要对评价指标进行适当筛选。而相关性是指标选取的主要依据，另外本书在进行指标分析时采用的方法是因子分析法，同样要求所选择的指标具有一定的相关性。鉴于此，需要根据相关性原则确定指标的取舍。

第二，全面性原则。全面性要求构建旅游目的地信息化指标体系时应进行全方位、多角度的考虑，切忌以偏概全，以确保评估指标的完整性、客观性，真实地反映出旅游目的地信息化建设各方面的情况以及整体水平，进而对旅游目的地信息化做出公正合理的评价，并为其不断完善提供参考依据。

第三，科学性原则。评价指标体系的建立应该遵循科学性原则，只有这样，才能使构建的指标体系更切合实际，进而在此基础上得出合理有效的评估结果。构建旅游目的地信息化指标体系是，要针对旅游目的地的特点，并结合旅游目的地的实际情况，对评价指标体系进行科学合理的设计。这就要求对设定的每一项评估指标，都要经过专家咨询，然后采用科学的评价方法对这些指标进行归纳整理，以提高评估的效度，确保每项指标都能直接反映旅游目的地信息化建设的效果。

第四，可行性原则。所谓可行性，是指在进行旅游信息化评价指标体系的构建时，应充分考虑所涉及的指标在实践中便于获取、测算和统计，同时要求在对指标的数据采集时，应尽量节省成本，达到用最小的成本获得最大的信息量的目的。因此，在制订各项评价指标时，首先，要对其含义进行明确的界定，使被评测对象能够清晰理解指标所要表达的内涵，确保指标的可

实施性；其次，保证评价指标的难易适度，这样被评测对象才能在理解指标内涵的基础上，充分发挥自己的主观意识，对各项指标给予合理评价，保证数据的有效性进而反映最真实的结果。

二、智慧景区目的地信息化评价体系的确定

大数据视角下旅游目的地信息化评价指标体系的构建，为旅游目的地信息化的综合评价提供了可供参考的依据。在对旅游目的地信息化发展情况进行评价时，通过这个评价指标体系，能够对信息化的建设起到一定的检验和指导作用。主要指标含义解释如下：

（一）信息化的服务系统

（1）旅游信息共享平台。旅游信息共享平台是指通过实现不同部门间共享信息，来指导旅游管理工作，方便游客在旅游过程中进行各种旅游活动。这一指标可以通过不同部门间信息共享程度来衡量。

（2）全球定位服务系统。全球定位服务系统是指在无线通信技术的配合下，游客可以通过旅游移动终端设备查询到所需的旅游目的地信息的服务。这一指标可以通过游客感知定位准确度来反映。

（3）旅游呼叫中心系统。旅游呼叫中心系统主要考察为游客提供各种旅游信息服务的情况，能否有效解决游客在旅游过程中遇到的问题，能否为游客提供旅游询问、旅游救援等方面的服务。

（4）旅游应急救援系统。旅游应急救援系统主要考察旅游目的地能否将游客的求助信息迅速地传递和提交到应急救援部门，保证救援工作能够及时有效的顺利开展。这一指标主要考量旅游目的地是否制定旅游应急预案；是否设有专门的卫生服务点，是否能够提供远程应急医疗等。

（5）旅游 App 客户端。旅游类 App 客户端能使游客通过手机终端等移动设备，了解丰富的旅游信息，进而为游客提供个性化的信息服务。这一指标考察旅游目的地是否设有旅游 App 客户端，客户端信息是否及时更新并且满足游客需求。

（6）虚拟旅游服务系统。虚拟旅游服务是指通过虚拟现实技术，对现实环境进行模拟，为游客提供全方位旅游体验，进而促使游客进行旅游活动的

过程。这一指标主要考察旅游目的地虚拟旅游服务建设情况以及虚拟旅游功能完善程度。

（二）信息化的商务系统

（1）旅游目的地营销系统。旅游目的地营销系统是指通过整合区域内的旅游资源，利用互联网对旅游自的地进行营销，进而提升旅游目的地形象的营销活动，这一指标主要衡量是否能够提升旅游目的地的知名度，能否树立良好的旅游目的地形象。

（2）旅游电子商务应用系统。旅游电子商务应用系统同样是以互联网为主体，为游客提供旅游产品信息、在线旅游预订和销售以及旅游产品售后服务等。通过旅游电子商务功能是否全面，游客网上购买满意度水平来反映。

（3）旅游移动商务系统。旅游移动商务系统是基于手机、平板电脑等移动终端设备的商务应用，使游客能够通过移动终端设备来完成商品的购买和支付，进而为游客提供个性化的服务。这一指标考察旅游目的地是否具备支持旅游移动商务条件，能否提供灵活的交易方式。

（三）信息化的管理系统

（1）游客信息化管理。游客信息化管理主要是对游客实时信息进行智能化分析来反映。一方面分析和了解游客的需求偏好，并将其作为市场细分的依据；另一方面分析景点游客的流动情况，保证景区能够正常运转。

（2）景区信息化管理。景区信息化管理是指借助互联网、物联网、大数据等技术手段，对景区资源进行整合，实现景区业务数据化处理。通过景区内视频监控系统是否完善、是否能够电子票务系统保证最大合理承载量来衡量。

（3）酒店信息化管理。酒店信息化管理主要考察酒店管理的信息化程度，是否能够对酒店前台的运营和后台的管理进行合理协调和控制，进而提供个性化的服务。这一指标通过酒店网络基础设施是否健全、酒店预订功能是否完善来反映。

（4）旅行社信息化管理。旅行社信息化管理主要考察旅行社日常经营业务方面的信息化运用情况，能否通过信息技术手段组织旅游资源、能否利用网络招揽和安排游客、能否为游客提供优质的服务等。

（5）旅游交通信息化管理。旅游交通信息化管理通过旅游交通的智能化程度来反映。考察旅游目的地能否为游客提供交通信息的实时查询、能否为游客提供最佳的旅游线路、能否对旅游交通进行有效的协调和控制等。

（四）信息化的基础条件

（1）移动终端设备普及率。移动终端设备是游客进行旅游活动的技术设备，尤其是在大数据时代，移动终端设备的普及率在很大程度上反映出游客参与到旅游活动中的便利程度，因此这一指标是衡量旅游目的地信息化的重要指标。

（2）网站平台建设。网站平台建设的主要目的是提升景区的知名度，进而达到吸引游客的目的，并为游客提供信息查询及景区推介服务。衡量这一指标的标准在于景区是否建有专门的网站平台、网站的功能是否完善、是否便于游客访问和咨询。

（3）无线网络覆盖程度。无线网络覆盖率是大数据时代衡量旅游信息化发展水平的重要指标。通过景区内无线网络可接收的范围以及手机、电脑等智能终端设备接入无线网络的方便程度来反映。

（4）数据监管系统。数据监管系统是为了提升旅游管理水平，提高工作效率而建立的监管平台。这一指标主要考察旅游目的地是否设有数据监管设备，监管设备分布是否合理，能否对旅游状况进行全方位监管。

（5）微信公众平台。微信公众平台是目前旅游业进行宣传营销的重要运营平台，衡量这一指标的主要标准是考察是否建有专门的微信公众平台、微信公众平台的宣传效果等。

（6）信息化政策法规。旅游信息化政策法规是国家为促进旅游业的发展而制定的行政准则，是进行旅游规划与开发的依据。这一指标主要通过政策法规的完善程度来衡量。

（7）信息化人才培养。旅游信息化人才掌握着旅游开发的知识和技能，是推动旅游业不断持续发展的动力。这一指标主要从人才培养机制是否完善、信息化人才培养模式是否合理等方面进行衡量

（8）信息安全保障系统。信息安全保障系统主要考察大数据时代信息的保密程度，通过信息安全保障机制健全程度、体系完善程度来反映。

（五）相关数据处理技术

（1）数据收集技术。数据收集技术是整合旅游信息的基础，是进行数据价值挖掘的关键,主要通过信息收集的方便程度,收集数据的完整程度来考察。

（2）数据存储技术。数据存储技术是保留海量数据、发挥数据价值的前提，同样是大数据得以出现的重要保障，主要通过数据存储容量大小、数据存储时间长短来反映。

（3）数据挖掘和分析技术。数据挖掘和数据分析技术是发挥数据潜在价值的关键技术，也是大数据技术的核心，主要通过对海量数据的处理和分析能力来衡量。

（4）数据可视化技术。数据可视化技术能够帮助人们有效理解数据，是真正利用好大数据的关键，通过将数据转化为人们理解信息的难易程度来衡量。

结 束 语

在移动通信、物联网、云计算等新技术的发展与应用下，智慧景区的提出为景区信息化管理增加了新的深度，使得数字景区又进行一次飞跃式发展，展示出景区信息化开发管理的新方向。虽然，智慧景区的开发与管理取得了一定的成绩,但目前的发展也面临着较多挑战。比如当大量的游客涌入景区时，就会给智慧景区开发管理中的资源保护、游客管理与服务、安全防范与应急等都将带来的一定的挑战。因此，提升景区保护、管理与服务水平也是未来智慧景区开发管理的主要方面。

智慧景区是在信息技术、大数据等的基础上，主动去获取游客的信息，形成旅游数据积累与分析，全方位地熟知游客的动态变化等各方面的信息，帮助旅游管理者对旅游市场进行分析和预测，从而有针对性地制定相关政策，采取相应措施，并在信息技术的支持下实现对旅游业的宏观调控和微观管理。因此，智慧景区是科学决策和管理的需要，是引导和规范景区发展的需要，是跨行业和跨部门合作的需要。

现代智慧景区的管理趋势是逐步朝着精细化、低碳化以及移动化方向去发展的，通过高新技术有效改善景区商业运作和公共服务关系，实现景区旅游资源的优化使用、生态环境的有序开发和保护、游客满意度提升、产业效益最大化的目标。

参考文献

[1] 鲍润华．智慧旅游理论与实践研究［M］．成都：电子科技大学出版社，2017.

[2] 曹洋洋．大数据视角下旅游目的地信息化评价研究［D］．沈阳：沈阳师范大学，2015：11–26.

[3] 陈荣．智慧景区背景下的旅游客流量预测方法研究［M］．成都：西南交通大学出版社，2018.

[4] 程书芹．基于四维度模型的智慧景区服务创新和升——以厦门鼓浪屿为例符的［J］．环球市场信息导报，2015（19）：14–16.

[5] 戴路．论智慧景区在新华联铜官窑古镇建设的深度应用［J］．智能建筑与智慧城市，2020（02）：51–54.

[6] 党安荣，张丹明，陈杨．智慧景区的内涵与总体框架研究［J］．中国园林，2011，27（09）：15–21.

[7] 党安荣，张丹明，李娟，等．基于时空大数据的城乡景观规划设计研究综述［J］．中国园林，2018，34（03）：5–11.

[8] 党安荣，张丹明，马琦伟，等．大数据时代的智慧景区管理与服务探讨［J］．西部人居环境学刊，2016，31（04）：8–13.

[9] 董观志，杨成利，傅轶．景区运营管理［M］．武汉：华中科技大学出版社，2016.

[10] 方德满．我国智慧景区发展研究［J］．合作经济与科技，2016（04）：42–43.

[11] 冯倩．旅游景点智能客流预测方法研究［D］．西安：陕西师范大学，2017：9-13.

[12] 龚花，陈琦，陈名辉．基于大数据分析的旅游景区管理策略优化研究［J］．广西质量监督导报，2020（10）：40-41.

[13] 管菁，管清宝．旅游景区可持续发展之路——“智慧景区”规划设计［J］．智能建筑与智慧城市，2020（08）：13-17.

[14] 洪江，周道华．文旅融合背景下的智慧景区标准化建设探讨［J］．信息技术与标准化，2019（08）：56-60.

[15] 黄剑锋，陆林，张瀌．基于技术接受视角的智慧景区内涵体系与建设策略研究［J］．科技管理研究，2015（11）：164-168，178.

[16] 惠林彬．大数据时代龙门石窟智慧景区管理与服务研究［J］．商业经济，2019（02）：41-42.

[17] 贾慧．重庆市智慧旅游景区创新开发管理模式研究［J］．现代营销（经营版），2020（12）：56-57.

[18] 姜姗，宋智超．国内智慧景区发展研究综述［J］．中国经贸导刊，2017（17）：69-72.

[19] 李季．旅游景区数字服务平台的信息艺术设计体系建构与研究［D］．上海：上海大学，2018：94-101.

[20] 梁倩，张宏梅．智慧景区发展状况研究综述［J］．西安石油大学学报（社会科学版），2013，22（05）：52-56.

[21] 刘少湃．城市旅游景区的游客构成及空间分流［J］．城市问题，2012（03）：54-57+67.

[22] 吕燕．大数据时代下智慧景区管理与服务探讨［J］．度假旅游，2018（02）：124-126+135.

[23] 马晓春．面向智慧旅游的地理信息可视化设计［D］．无锡：江南大学，2019：6 0-65.

[24] 潘航，明庆忠．基于智能手机平台的景区游客时空分流体系构建研究［J］．西华大学学报（哲学社会科学版），2014，33（03）：76-80.

[25] 盛方清，周春林，姜锐，等 . 智慧景区游客体验维度及调控策略的研究——以南京中山陵景区为例 [J]. 中国商论，2016 (12): 80-83.
[26] 苏杭，何文胜，李军，等 . 智慧景区的基础规划建设 [J]. 河南科技，2018 (13): 11-14.
[27] 孙卿 . 游客体验视角下青州古城智慧景区建设与发展研究 [D]. 桂林：桂林理工大学，2020: 25-27，52-58.
[28] 孙艳红，王轻楠，吴杰 . 龙门石窟智慧景区建设研究 [M]. 北京：中国经济出版社，2019.
[29] 孙悦 . 大数据引领智慧旅游发展新模式 [J]. 中国商论，2017 (3): 62-63.
[30] 孙子惠，史灵歌 . 基于 IPA 分析法的智慧景区服务质量评价——以龙门石窟旅游景区为例 [J]. 内江师范学院学报，2019，34 (04): 86-92.
[31] 唐永林，张志愿，孔江宁，等 . 智慧景区容量安全构建的探索 [J]. 读书文摘，2019 (09): 53.
[32] 王玉兵 . 大数据可视化平台在智慧景区运营管理中的应用 [J]. 电子技术与软件工程，2020 (09): 168-169.
[33] 翁秋妹,陈章旺 . 智慧景区服务创新研究——以福州三坊七巷为例 [J]. 北京第二外国语学院学报，2014，36 (05): 49-55.
[34] 吴博文 . 基于大数据的浙江省休闲农业空间格局与发展战略研究 [D]. 杭州：浙江大学，2019: 14-25.
[35] 肖雄辉，戈鹏，朱虹明，等 . 旅游高峰期景区游客引力分流调度模型研究——以九寨沟风景区为例 [J]. 旅游科学，2013，27 (06): 39-51.
[36] 胥文，伍炜 ."智慧景区"背景下交通组织管理方式探究 [J]. 四川警察学院学报，2020，32 (02): 71-77.
[37] 杨森 ."互联网 + 旅游"背景下智慧景区空间规划策略研究 [D]. 天津：河北工业大学，2017: 12-23.
[38] 杨亚丽，张俊英，杨龙 . 智慧旅游视域下茶卡盐湖景区生态旅游管理体系构建 [J]. 江苏商论，2020 (5): 53-56.

[39] 张凌云，乔向杰，黄晓波．智慧旅游理论与实践［M］．天津：南开大学出版社，2017.

[40] 郑颖尔，黄骞，蔡建民，等．智慧颐和园建设与智慧景区模式研究［J］．中国信息界，2014（12）：72-78.

[41] 周书云，胡秋红，杨丽春，等．旅游景区运营管理［M］．广州：广东高等教育出版社，2017.

[42] 周效东，金梅．基于旅游大数据构建景区安全预警机制［J］．四川旅游学院学报，2017（01）：78-80.